Christiane Graßt | Julia Husmann | Peter Marx

Des schönen Ruhrtals Krümmung

Friedrich Adolph Krummacher in Kettwig 1807 – 1812

Hummelshain Verlag

Impressum

© 2011 Hummelshain Verlag, Essen
Herstellung: Books on Demand GmbH, Norderstedt

ISBN: 978-3-943322-00-2

Text: Christiane Graßt, Julia Husmann, Peter Marx
Gestaltung: Juliane Richter

Titelfoto: Sebastian Mackowiak
Titelabbildung: F. A. Krummacher, Portrait von Wilhelm von Kügelgen

Bibliographische Information der Deutschen Bibliothek: Die Deutsche Bibliothek verzeichnet diese Publikation in der Deutschen Nationalbibliographie; detaillierte Daten sind im Internet über www.d-nb.de abrufbar.

Der Nachdruck, auch auszugsweise, sowie die Verbreitung durch Film, Funk, Fernsehen und Internet, durch fotomechanische Wiedergabe, Tonträger und Datenverarbeitungssysteme ist ausdrücklich nur nach vorheriger schriftlicher Genehmigung durch den Hummelshain Verlag gestattet.

www.hummelshain.eu

Inhaltsverzeichnis

Vorwort — 4
Friedrich Adolph Krummacher in Kettwig — 7
Kettwig zur Franzosenzeit – eine Annäherung — 38
Narrenbrüderschaft des Geistes – Das (Kettwiger) literarische Werk — 60
„Unser Großvater, der Ätti" – Krummacher als Freund und Vater — 77
Liebe zur Natur — 97
Liebe zur Musik — 106
Der Liederdichter — 111

Lese- und Liederbuch
    Krummacher zum Stöbern – Auszüge aus seinen Werken — 118
    Krummacher – Choräle in Gesangbüchern — 148
    Kompositionen über Krummacher-Texte — 184
    Krummacher über Kettwig — 199
    Zeitgenossen über Krummacher — 218

Anhang
    Literaturverzeichnis — 225
    Anmerkungen — 228
    Lebenslauf — 231
    Die Autoren — 232

Vorwort

Friedrich Wilhelm Adolph Krummacher war ein evangelischer Geistlicher und Schriftsteller der Goethezeit. Er schrieb eine große Zahl kurzer Gleichnisgeschichten, sogenannte Parabeln, die ihn im ganzen deutschen Sprachraum bekannt machten. Viele seiner Gedichte wurden vertont, einige waren über fast zwei Jahrhunderte lang Bestandteil evangelischer Gesangbücher. Krummacher studierte in Lingen und Hamm, war Schuldirektor in Moers und Professor an der Universität Duisburg, dann Pfarrer in Kettwig, Superintendent in Bernburg an der Saale und schließlich Pfarrer in Bremen.

Das ist alles wenig spektakulär und lässt noch nicht deutlich werden, worin der Reiz einer tiefer gehenden Bekanntschaft mit diesem Krummacher bestehen könnte. Eine nähere Betrachtung aber lässt dies in einem ganz anderen Licht erscheinen. Denn eine Reihe von außerordentlichen Dokumenten ermöglicht es, ein ganz nahes und lebendiges Bild von Krummacher zu gewinnen und mittels seiner Bekanntschaft in eine Zeit einzutauchen, in der uns manches fremd und vorgestrig, ebenso vieles aber überraschend nah und zugänglich erscheint.

Das vorliegende Buch konzentriert sich dabei auf Krummachers Kettwiger Jahre, 1807 – 1812; eine historische Ausnahmesituation, die „Franzosenzeit" unter Napoleon. Wie erlebt der Dichter, Pfarrer, Freund und Familienvater diese Zeit? In seinen Werken, noch mehr aber in seinen zahlreichen Briefen und zeitgenössischen Urteilen, zeigt sich ein ausgesprochen liebenswerter, humorvoller und geistreicher Mensch. Seinen vielfältigen Spuren und damit der Lebensart von vor 200 Jahren nachzugehen, macht Zeit- und Kulturgeschichte auf faszinierende Weise erfahrbar.

Krummachers Werke selbst sind heute nur noch antiquarisch und teilweise online zugänglich. Neben Beiträgen über Krummacher in Kettwig und das Dorf Kettwig zur Krummacherzeit beinhaltet dieses Buch daher eine großzügige Auswahl an Originaltexten und Noten. Für die Druckfassung der Kompositionen gebührt Claus Hinkelmann ein besonderer Dank, ebenso dem Kettwiger Verein *pro musica* für die freundliche Unterstützung des Projektes.

Christiane Graßt, Julia Husmann, Peter Marx

Krummacher – Portrait von Wilhelm von Kügelgen, 1838

Friedrich Adolph Krummacher in Kettwig
Christiane Graßt

"Sauve, qui peut!" - *"Rette sich, wer kann!"*

So lautete die napoleonische Devise, die an alle Professoren der Duisburger Universität ausgegeben wurde, als diese sich über das jahrelang fehlende Gehalt beschwerten. Nur noch eine Handvoll Lehrender verblieb in der Jahrhunderte alten, sich im Niedergang befindenden kleinen Universität, da während der französischen Besatzerjahre die Napoleon unterstehende Verwaltung des Bezirks sich weigerte, verbindliche Gehaltszusagen abzugeben.

Auch der Professor der Theologie und Eloquenz Dr. Friedrich Adolph Krummacher suchte nach einem neuen Betätigungsfeld, da er sich außerstande sah, so seine Familie zu ernähren. Die evangelischen Gemeinden in Krefeld und Düren hatten ihn als Pfarrer einstellen wollen; da sie aber monatelang keine konkreten Entscheidungen trafen, fiel 1807 seine Wahl schließlich auf Kettwig.

Zwei Jahre zuvor war Pfarrer *Ferdinand aus'm Weerth*, der seit 1796 Pfarrer in Kettwig war, als Generalsuperintendent, Konsistorialrat und erster Prediger nach Detmold berufen worden. *Fürstin Pauline zur Lippe*, eine resolute, reformfreudige Regentin, hatte ihn zur Erneuerung des Schulwesens eingestellt. Der Erfolg dieser Tätigkeit machte Weerth weit über die Grenzen des kleinen Fürstentums bekannt. 1806 versuchte Weerth, Professor Krummacher nach Detmold zu holen. Dieser aber lehnte ab - er wollte nicht schon wieder in den Schuldienst, da er 1790 Konrektor am Gymnasium in Hamm und von 1793 bis 1800 Rektor des Gymnasiums in Moers war.

Nach Kettwig wäre er aber gerne gegangen. So schreibt er in einem Brief an seinen Schwager Möller: *"Gerne hätte ich, wenn es sich so geschickt hätte, die Kettwiger Stelle gehabt. Ich weiß nicht, ob ich Dir geschrieben habe, daß ich Werth in Essen traf. Dieser riet mir sehr dazu und versprach, alles einzuleiten, was er vermöchte."* DUISBURG, NOV. 1806

Doch woher kannte Krummacher Kettwig?

Seine Frau *Eleonore*, geb. Möller, war Tochter des Bürgermeisters *Arnold Möller* aus Hamm und Schwester von *Anton Wilhelm Peter Möller*, dem besten Freund Krummachers. Möller war verheiratet mit *Friederike Scheidt* aus Duisburg, die häufig ihre Verwandten in Kettwig besuchte, die Besitzer der größten Tuchfabrik Kettwigs.

Friederikes Schwester, die früh verwitwete *Maria Schneider* hatte sich ebenfalls in Kettwig niedergelassen.[1]

Da Friederike große gesundheitliche Probleme hatte, verbrachte sie oft mehrere Wochen bei ihrer Schwester in Kettwig, wo sie von Freund und Schwager Krummacher besucht wurde, mit dem sie regen Briefverkehr pflegte.

An Friederike Möller in Kettwig:
"Wie freue ich mich, daß Dir dein jetziges Stilleben in dem schönen Thal so wohl bekommt. Mich dünkt, ich könnt' es an deinen Buchstaben sehen, daß es Dir wohler ist, als in dem Duisburger Gezerr. So wolle denn die freundliche Natur ferner ihr Werk an Dir fördern und gedeihen lassen alle Wünsche der Liebe und Freundschaft. ..."
DUISBURG, SEPT. 1807

Anton Wilhelm Peter Möller mit seiner Gattin Friederike, geb. Scheidt

Noch heute steht der Name Scheidt für die Blütezeit der Kettwiger Tuchfabrikation. Friederikes Bruder Johann Wilhelm war nach Kettwig übergesiedelt und erfolgreich in die Firmenleitung eingestiegen. Zur Unterscheidung von seinem Kettwiger Vetter Gottfried Scheidt wurde er "der alte Duisburger" genannt.

Trotz der Empfehlung Weerths scheiterten zunächst Krummachers Pläne, in Kettwig Pfarrer zu werden.

Dort hatte es nämlich Probleme mit der Pfarrerwahl gegeben: Als die Gemeinde nach Weerths Weggang nicht schnell genug einen Nachfolger gewählt hatte, war ihr ein Pfarrer von der zuständigen Kammer aus Hamm "vor die Nase gesetzt" worden. Wie immer in schwierigen Situationen, protestierte Kettwig bei Sr. Majestät dem König. Da der unerwünschte Kandidat aus Goch die Berufung jedoch ablehnte, und die Kettwiger bei eilig anberaumten Neuwahlen sich zerstritten, sprach schließlich die Regierung in Düsseldorf ein Machtwort: Der zweite Prediger in Kettwig sollte der berühmte Theologe und Schriftsteller Dr. Friedrich Adolph Krummacher werden, dessen Schrift *"Über den Geist und die Form der Evangelischen Geschichte"* (gemeint ist die Geschichte der Evangelien) in Fachkreisen Aufsehen erregt hatte; seine *"Parabeln"* wurden von Jung und Alt in ganz Deutschland gelesen.

Krummacher und seine Frau Eleonore (genannt *Laura, Lauretta* oder *Lorchen*) waren durch und durch Städter und Teil des gehobenen Bürgertums. Sie hatten nie auf dem Land gelebt und verkehrten u.a. mit Bürgermeistern, Professoren, Philosophen, Theologen, Juristen und Ärzten. In Moers und Duisburg wurden regelmäßig Hausabende durchgeführt, bei denen lebhaft diskutiert und viel musiziert wurde. Krummacher spielte Flöte, Geige, Bratsche und Klavier und wurde musikalisch unterstützt von *Christiane Engels*, einer Freundin des Hauses, die vorzüglich sang, den Flöte spielenden Hausherrn auf dem Klavier begleitete und die Anwesenden zu Chorgesang anleitete. Möller pflegte zu diesen Anlässen auswendig vollständige Oden seines Lieblingsdichters Klopstock zu zitieren, Krummacher würzte seine Tischreden und Ansprachen mit witzigen Zitaten der griechischen und lateinischen Klassiker oder aus Werken Shakespeares, Goethes und des von ihm über alles geschätzten Matthias Claudius. In seinen Briefen zitiert er immer wieder *"Asmus"*, das Pseudonym, unter dem Claudius im Wandsbecker Boten schrieb.

Die Gegend zwischen Kettwig und Werden

Oft war der Naturfreund Krummacher den Ärgernissen an der Universität entflohen und hatte ausgedehnte Spaziergänge an Rhein und Ruhr unternommen. Viele Gedichte und Briefstellen zeugen von seiner Freude am Vogelgesang, an herrlichen Ausblicken und schattigen Wäldern.

Dass seine Gefühle für diese Landschaft aber weit über ein allgemeines Lob der Schöpfung hinaus gehen, zeigt der Aufsatz: *"Die Gegend zwischen Werden und Kettwig"*, 1806 im Westfälischem Anzeiger und 1813 in *"Die Reise nach Werden"* von J. A. Engels[2] veröffentlicht, den Krummacher dem "Kattenturm" widmet.

Kattenturm zwischen Kettwig und Werden

Der Kattenturm - eine Ruine, die noch heute am Ufer der Ruhr steht - gehörte ursprünglich zur Burg Lüttelnau. Erst zu Beginn des 19. Jahrhunderts hatte auf Grund der irrigen Annahme, "Kettwig" stamme von *Cattorum vicus = Dorf der Katten*, der Turm seinen bis heute beibehaltenen Namen erhalten. *Tacitus* widmet in seinem *Germania* zwei Kapitel den Katten, einem germanischen Volk, das bei der Schlacht im Teutoburger Wald den Sieg über die Römer mit herbeiführte. Diese Deutung des Kettwiger Namens hat sich als haltlos erwiesen: Eine Schlacht am Ruhrufer hat nie stattgefunden. Weder die Römer noch die Katten waren je an der Ruhr.

Für Krummacher ist der Sieg der Germanen über die Römer ein willkommener Anlass, seinen Unmut über die eigene Situation zu formulieren. Unter der französischen Besatzung litten er und seine Kollegen z. B. durch häufige Einquartierungen französischer Offiziere, die die materiellen Engpässe noch verschärften: ..."*wenn die martialischen Fremdlinge, als unsre Tischgenossen, die materiellen Erträge der schriftstellerischen Arbeiten des Vaters, die damals das stockende Gehalt ersetzen mußten, uns verzehren halfen...*"[3]

Vor allem aber waren Krummacher und sein Freundeskreis von einem glühenden Patriotismus beseelt. Ihre ganze Loyalität galt dem preußischen Königshaus, König Friedrich Wilhelm III. und seiner im ganzen Volk verehrten Gattin Luise. Den ersten Band der *"Parabeln"* hatte Krummacher Königin Luise gewidmet (*"Luise, der allgeliebten, allverehrten Königin"*); sein Buch *"Die Kinderwelt"* war ihr Lieblingsbuch!

Neben der Vaterlandsliebe, die den ganzen Aufsatz über *"Die Gegend zwischen Werden und Kettwig"* prägt (z.B. *"Wer gedächte hier nicht mit frohem Nationalstolz seiner Stammväter"*), zeigt diese Schrift Krummachers Toleranz in Glaubensfragen: *"Der Abtey gegenüber, in demselben Thale ruhet die protestantische Kirche. Warum sollte sie nicht? Ist doch das Thal in beider Umgebungen gleich schön und freundlich! Wie sollten es die Bewohner desselben nicht seyn? Sie meinen ja Beide das Eine und Höchste, wenn auch auf andere Weise. - Sie wissen, daß die Formen ewig wechseln, aber daß ewig bleibt das Wahre, das Schöne und das Gute."*

Anmerkung: Gemeint sind hier die katholische Abtei in Werden und die evangelische Kirche in Kettwig

Postkarte „Gruss aus Kettwig"

Dem Schriftsteller und Dichter Krummacher verdanken wir zahlreiche bewundernde Schilderungen Kettwigs und des Ruhrtals; die frühesten finden sich ebenfalls in dieser kleinen Schrift:

Hier will ich, hingelehnt an eines Felsen Rand,
In heil'ger Eichen nächtlich dunklem Grau'n,
O holde Phantasie! an deiner Hand
Des schönen Ruhrtals Krümmung überschau'n!
Zu meinen Füßen rauscht, rings vom Gebüsch umkränzt,
Der Strom hinab. Durch's bunte Wiesenthal
Klingt er dahin; in seinem Spiegel glänzt
Des Waldes Grün, der Fels, der Abendröthe Strahl.

Da, wo mit ehrnem Fuß, von kalter Nacht umgraut,
Das Chaos und die öde Wildniß stand –
Erschallet nun des Lebens froher Laut,
Und Fleiß und Freude gehn frohlockend Hand in Hand.
Jetzt tönt dir, schöne Ruhr, der Nachtigall Gesang,
Die Turteltaube girrt in deinem Buchenhain;
Du aber hüpfst mit jugendlichem Gang,
Hinab ins Thal zum ernsten Vater Rhein.

Hier trinkt das fromme Rind, dort um die Krümmung schwebt
Im Wellentanz der leichte Fischerkahn,
Und aus der Schlucht in blauen Wölkchen hebt
Vom stillen Heerd der Rauch sich himmelan.
Mit rotem Dach, am Hügel hingelehnt,
Ragt aus dem Thal des Dörfleins Spitz' empor,
Umglänzt vom Abendroth, – und zürnend dröhnt
Des Stroms bezwung'ne Fluth durch's Schleusenthor.

Auch in dem Werk *"Die Kinderwelt"*, einem großen *"Gedicht in vier Gesängen"*, ist vom schon erwähnten Kattenturm die Rede. Krummacher schildert hier die unterschiedlichsten Kinderspiele von Knaben und Mädchen in den vier Jahreszeiten. Literatur aus Sicht des Kindes war zu Anfang des 19. Jahrhunderts ein ungewöhnliches Thema, was wohl auch zu der großen Beliebtheit des Werkes beigetragen hat.

Der Abschnitt über den Kattenturm steht am Ende des Herbstgedichts, welches das in Nebel gehüllte Ruhrtal beschreibt:

Auch treibt alsdann ein wunderliches Heer
Von Schattenwesen auf der Wiese Plan
Im Mondenschein sein seltsam Gaukelspiel.
Da wo am Flötzgebirg die Wiese sich
Ein schmaler Streich, um graue Felsen dehnt -
Des Stroms Gemurmel rauscht von ferneher,
Der Mond umstrahlt die Fenster der Abtei -
Und düster steht der alte Kattenthurm-;
Da sammelt sich der Knaben kühne Schaar,
Wohl wissend, dass ein kalter Schauder sie
Ergreifen wird; allein es ist ihr Wunsch;
Es offenbart der Jugend sich im Graun
Und banger Scheu geheimer Kräfte Spiel,
Und das Erschütternde gewährt ihr Lust.

Krummachers Anmerkung zu diesem Vers am Ende des dritten Gesangs: *"Die hier geschilderte Gegend, ist das schöne Ruhrthal zwischen Kettwich und Werden. Daher die Abtei und der Kattenthurm..."*

Der Einzug in Kettwig

Obwohl Krummacher nicht gewählt, sondern der evangelischen Gemeinde Kettwig zugewiesen worden war - die selbständige Pfarrerwahl hatte für reformierte Gemeinden einen ganz hohen Stellenwert - hatten die Kettwiger ihren neuen Pfarrer von Anfang an freudig willkommen geheißen. Angenehm überrascht schreibt er an seine Schwägerin: *"Liebe, theure Fritze. Herzlichen, innigen Dank für deine beiden Briefchen! für deine Theilnahme an meinem Schicksal, für dein freundliches liebes Wesen! Ach, es wird ja wohl alles gut gehen! Die Kettwiger waren bei mir und haben mich herzlich bewillkommt;..."* DUISBURG, 24. SEPTBR. 1807.

Eine große Gruppe von Kettwiger Bauern war mit nach Duisburg gereist, deren Willkommensgrüße ihn besonders erfreuten: *"Unter den Deputierten äußerte der Bauer Druchs [Drucks] mir den Wunsch, mich bald in Kettwig zu sehen, auf solche Weise, daß ein Hofmann nicht feiner und ein Bauer nicht einfältiger sich ausdrücken kann. Ich gäbe was darum, daß ich die Worte im Gedächtnis und auf Papier hätte. "*

Der Grabstein von Bauer Drucks mit der Inschrift: „*Einfach wie ein Bauer, fein wie ein Edelmann. F. A. Krummacher*" befindet sich heute in Familienbesitz. (Postkarte um 1920)

Da zu Krummachers zukünftigen Aufgaben als Pfarrherr auch die Zusammenarbeit mit den Lehrern der sieben (!) Kettwiger Dorfschulen und vor allem mit der gemeindeeigenen Pfarrschule gehörte, stand auch ein Antrittsbesuch der Lehrer auf dem Begrüßungsprogramm: *"Morgen wollen die Schullehrer von Kettwig zu mir kommen. Laß mich doch durch sie wissen, wie Du dich befindest, liebe Friederike!..."*

"Liebe Frieda. ...Und nun noch einen Auftrag. Sag doch der Fabrik, daß sie mir möchte Tuch zu einem schwarzen Rock zukommen lassen. Für einen Bauernpastor muß es nicht fein sein, sondern so hausbacken. - Adieu, Liebe; ich grüße herzlich das Mütterlein mit ihren Küchlein in Kettwig." DUISBURG, 7. OCT. 1807.

Die Besuche der Abgeordneten stellten den Beginn der "Einholung" dar, einem Brauch zur Begrüßung eines neuen Pfarrers, verbreitet am ganzen Niederrhein, der in Kettwig noch bis 1900 ausgeübt wurde: Am Tag des Amtsantritts wurde der neue Pfarrer mit seiner Familie von einer festlich gekleideten Delegation und berittener Eskorte von seinem Wohnort (oder aus zumutbarer Entfernung) abgeholt und beim Überschreiten der Gemeindegrenzen mit Ehrenpforten und Glockengeläut von der Spalier stehenden Gemeinde zu seinem überreich mit Blumen geschmückten Pfarrhaus geleitet, wo Gemeinde und Schulkinder Lob- und Danklieder anstimmten.

Krummachers Kettwiger Nachfolger *Johann Matthäus Daniel Ludwig Deegen* war mit 5 Kutschen und 40 Reitern eingeholt worden. Fünf Jahre später, beim Einzug Krummachers als Superintendent in Bernburg, erinnert sich Friedrich Wilhelm mit Wehmut dieses Brauchs: *"Auffallend, weil zu grell gegen die gewohnten Einholungen der Pastoren am Niederrhein abstechend, war uns der wenig festliche Empfang, der in unsrer neuen Residenz uns zu Theil ward... Auch beruhigten wir uns mit der Erwägung, daß jedes Land seine besonderen Sitten und Bräuche habe; doch konnten wir dem nicht wehren, daß der kahle und klanglose Einzug, der uns beschieden, uns einen kleinen Schatten auf das kirchliche Leben unsrer neuen Heimath warf..."* [4]

Blick auf Kirche und 2. Pastorat, dem Wohnhaus Krummachers

15

Die neue Tätigkeit in Kettwig stellte F. A. Krummacher vor große Herausforderungen: Obwohl er beim Umzug nach Kettwig schon 40 Jahre alt war, hatte er bislang noch nie eine Pfarrstelle innegehabt - ja, er war noch nicht einmal ordiniert! Die Ordination wurde am 5. November 1807 durch seinen Freund *Johann Christoph Spieß*, Prediger aus Duisburg, bei seinem Amtsantritt in Kettwig vollzogen.

Ein weiteres Problem stellte für die bürgerliche Familie Krummachers zunächst die dörfliche Struktur Kettwigs dar: Trotz der angesiedelten Tuchfabriken überwog noch die ländliche Bevölkerung.

Krummacher, seiner Frau und den beiden ältesten Söhnen fiel die Eingewöhnung zunächst schwer:

An A.W.P. Möller und seine Frau: *"Wir sind alle gesund! Lorchen wollte anfangs nicht sich in das neue Leben fügen, aber muß, muß! und jetzt geht es sehr wohl."* KETTWIG, 4. JAN. 1808.

Friedrich Wilhelm (*1796) wurde bereits als Neunjähriger, Emil (*1798) sogar als Achtjähriger in Duisburg Schüler des dortigen Gymnasiums. In Ermangelung einer höheren Schule mußten sie in Kettwig auf die dörfliche Pfarrschule gehen, was eine tiefe Demütigung bedeutete, wie Friedrich in seiner Biographie berichtet: *"Mir wurde in Kettwig, das einer höheren Lehranstalt entbehrte, die bitter genug empfundene Demüthigung zu Theil, mich aus einem Gymnasiasten wieder - man sagte mir Schreibens- und Rechnenshalber, - für eine Zeitlang wenigstens zum Schüler einer etwas "gehobenen" Elementarschule degradirt zu sehen, während die klassischen Studien - freilich mit vielen Unterbrechungen - unter der Leitung des Vaters fortgesetzt wurden."* [5]

Ihr Lehrer in der Pfarrschule war *Wilhelm Neuburg*, der auch gleichzeitig das Amt des Organisten beim Vater in der Kettwiger Kirche inne hatte. Anfänglich bekamen die Älteren beim Vater noch zusätzlichen Unterricht.

Aber alle sechs Kinder Krummachers lernten bald, die herrliche Kettwiger Umgebung zu schätzen und erfreuten sich an den Freiheiten des Landlebens. Die begeisterten Schilderungen des Ruhrtals aus der *"Selbstbiographie"* von Friedrich Wilhelm gehören zum Schönsten, was über Kettwig je geschrieben wurde:

Evangelische Pfarrschule bis 1839 (Hexenberg)

"Die prachtvollen und vogelreichen Buchenforste, die wir mit Sang und Klang durchstrichen, die kühnen Jagden in diesen Forsten nach Raben- Elstern- und Eichhörnchennestern bis zu den äußersten Baumwipfeln hinauf, die hohen nur mit Mühe zu erklimmenden und somit gleichsam zu erobernden Bergrücken mit ihrer in's Unermeßliche sich erstreckenden Rundsicht, die überreichen, prangenden Erd- und Heidelbeerernten in den einsamen Waldesgründen und an Bergabhängen; dann harmlos heitere Volksfeste wie das Frühlings- und Eierfest am Ostermontag, theils auf der hohen, jählings auf den Ruhrspiegel hinabschießenden Felsenkuppel, die ‚Kanzel' genannt, theils in dem lieblichen Kornthal darunter und zwischen dem eben ergrünenden Weisdorngestäude, das die Ruine der alten ‚Kattenburg' überwucherte; und später das Schützenfest mit seinem Fahnenwehen, seinem Büchsengeknalle, seinen lustigen Fanfaren und zum Tanze auf dem moosigen Waldesboden aufspielenden Musikstücken in den grünen, schattigen Eichen- und Buchenhallen des ‚Heisterbusches'; - überdieß zur Sommerzeit die Schwimmlust nebst dem Fisch- und Krebsfang in der bis auf den Grund klaren, krystallhellen Ruhr und zur Winterszeit die herrliche, meilenweit ausgedehnte spiegelglatte Eisbahn auf diesem schönen Flusse: - was bedurfte es für uns Knaben mehr, um uns die Welt als ein Paradies zu denken?" [6]

Als Pfarrer in Kettwig

Krummacher hatte zwar während seiner Professorentätigkeit gelegentlich *"gekanzelt"*, das regelmäßige Predigen und die Bürden des neuen Amtes stellten ihn jedoch vor unerwartete Schwierigkeiten und so enthält sein erster erhaltener Brief aus Kettwig auch manche Klage:

An A.W.P. Möller und seine Frau: ..." *Manchmal war's mir recht trübselig zu Muthe, und ein andermal ich weiß nicht recht wie? Nicht, daß es mir hier nicht gefiele. Man ist mir mit Freundlichkeit entgegen gekommen, und das Land ist auch in jetziger Zeit schön, und kann für manches entschädigen... - und dabei hab ich auch einen Begriff von dem, was ein Pfarrherr sein sollte, daß ich mich oft unter der Last meiner Verantwortlichkeit wie erdrückt fühlte. Oft war's mir auch verdrießlich, daß man an Predigten studiren muß, und der Bauer hat im Grunde recht, wenn er meint, es müsse einem studirten Pastor von selbst entströmen, wie einem isolierten Menschen die electrischen Funken. ... Ich hätte oft gerne meine Kanzel mit dem Husaren- oder Uhlanensattel vertauscht. ..."* KETTWIG, 4. JAN. 1808.

Doch weiß sein heiteres Naturell allem auch eine gute Seite abzugewinnen:

An A.W.P. Möller und seine Frau: *"In der Christwoche habe ich 8 mal gekanzelt, weil ich noch nach Duisburg mußte und daselbst 2 mal predigen. Nach der Nachmittagspredigt, die ich so gut als extemporierte, ritt ich nach Kettwig in Nacht und Nebel, aber mit vergnügtem Herzen."* KETTWIG, 4. JAN. 1808.

Zu Krummachers Liebe zum Ruhrtal gehörte auch sein Gefallen an Gesprächen mit dem einfachen Volk: *"Meinem Vater ward es bei seinem warmen Herzen für das Volk, so weit dasselbe von der französischen Civilisation noch unbeleckt geblieben, nicht eben schwer, das Katheder mit der Dorfkanzel zu vertauschen."* [7]

Dem berühmten Schriftsteller, gelehrten Altphilologen und Theologen gelang es daher mühelos, Kontakt zu den Kettwiger Bauern zu finden:

"Eine Lust war es, anzusehn, wie er namentlich mit seinen Bauern, bei denen er abwechselnd in den verschiedenen Gegenden oder Honnschaften des Kirchspiels tagtäglich aus und einging, zu verkehren pflegte. Mit frischem, fröhlichem Gruß betrat er, wenn er sie nicht schon auf dem Acker antraf, ihre Schwelle und wurde ebenso herzhaft und freudig von ihnen willkommen geheißen....und wie ergötzten ihn die gesunden Ansichten und vernünftigen Urtheile, welche die schlichten Leute in diesen Wechselgesprächen in zwar derber und drastischer, aber nicht selten eine reiche Fülle echten Mutterwitzes verrathender Ausdrucksweise kund gaben.
'Es sind ungeschliffene Edelsteine,' sagte er oftmals, wenn er heiter von seinen Gemeindegängen zurückkehrte; - 'die Leute sind intelligenter, als viele Allongenperücken auf Kathedern und Richterstühlen.' " [8]

Und so wurden die fünf Jahre, die Krummacher in Kettwig verbrachte, zu einer sowohl für ihn als auch für seine Gemeinde erfüllten Zeit:

"Jeder seiner Besuche in den Häusern und Hütten gewann so zuletzt von selbst den Character einer stillen, heiligen Feier, und die Leute, die ihm bald abfühlten, wie so lieb er sie habe, schieden von ihm in der Regel unter herzlichem Händedruck und mit der Thräne der Rührung und des Dankes im Auge.
Er wuchs am Glaubensleben mit seinen Pfarrkindern und sie mit ihm. Sie fühlten dies auch beiderseits heraus und dies machte das Band, das sie mit einander verknüpfte, zum zartesten und festesten, das wohl je einen Pastor und seine Gemeinde umschlungen hat." [9]

Nachdem er die Anfangsschwierigkeiten überwunden hatte, wurde Krummacher zu einem begnadeten Prediger, der seine Zuhörer durch seine offene, herzliche Art fesselte, oft bis zu Tränen rührte und bis ins hohe Alter gerne auf der Kanzel stand.

Barocke Kanzel in der evangelischen Kirche in Kettwig, von der F. A. Krummacher predigte.

An seinen Sohn Emil schreibt er als Fünfundsiebzigjähriger (!):

"...Auch schreibe ich meine Predigten nicht mehr ganz, sondern nur in notulis, predige aber gerne.... Ich predige kurz und populär, mache auch zuweilen einen kurzen Ausbruch, wie Luther sagt..." BREMEN, 29. JAN. 1842.

An seine Kettwiger Predigten erinnert sich Friedrich Wilhelm:

"Des Vaters Predigten, allezeit stark besucht und mit Erbauung gehört, klingen, wie fern sie auch damals noch meinem Verständnis lagen, ihrem Grundton nach noch heute in meiner Seele fort. Ich erinnere mich nicht, je mit freundlicheren Lippen, mit strahlenderer Miene und in herzgewinnenderer Weise das Evangelium verkündigen gehört zu haben, als er es verkündigte. Sollte ich seinen Predigten ein Motto geben, das wie ihren Geist so ihr Generalthema charakterisierte, so böten sich mir dazu von selbst die apostolischen Worte Tit. 3, 4.5:
'Da aber erschien die Freundlichkeit und Leutseligkeit Gottes unseres Heilandes' *und wie sie weiter lauten. Er erkannte seinen homiletischen Auftrag vor Allem in dem jesaianischen Zuruf:* 'Tröstet mein Volk, redet mit Jerusalem freundlich und prediget ihr, daß ihre Ritterschaft ein Ende hat und ihre Missethat vergeben ist' - *und er ist demselben, nur mit wachsender Vertiefung in die geheimnisvollen Gründe, von denen diese Botschaft getragen wird, bis an sein Ende treu geblieben."* [10]

Während seiner fünfjährigen Amtszeit in Kettwig teilte sich Krummacher den Dienst mit seinem Kollegen *Peter C(K)amphausen*, der schon seit 1781 in der Gemeinde tätig war. Dieser war verheiratet mit Susanne Marie Luise Scheidt, einer der Schwestern Gottfried Scheidts (s.u.). Sie wechselten sich bei Trauungen, Beerdigungen, Gottesdiensten und der Leitung des Presbyteriums ab, wobei die sonst so ausführlichen Protokolle des Konsistoriums (Presbyterium) während der Dienstzeit Krummachers sehr kurz und wenig aufschlussreich sind – wohl eines der probaten Mittel, den französischen Besatzern so wenig Einblick wie möglich in die Interna der Gemeinde zu gewähren.

Peter Camphausen,
Pastor in Kettwig von 1781-1823.

Krummacher war zudem in den Jahren 1810 - 12 Präses der Clevischen Synode: „*Die damalige Tyrannei suchte auch in das kirchliche Wesen einzugreifen, aber vergeblich ...*" [11]

In seinem schriftstellerischen Werk der Kettwiger Zeit sind immer wieder Hinweise auf die verhaßte Franzosenzeit zu finden, wobei er die allgegenwärtige Zensur geschickt zu umgehen weiß:

Der Hamster und die Lerche

Ein Ungewitter zog mit Donner, Sturm und Schlossen
Daher; es lag zerknickt die hohe Halmensaat,
Und banges Schweigen ruht' auf Höhen und Gefilden,
Doch im Gewölk erscholl der Lerche wirbelnd Lied.

Und singend schwebte sie aufs Saatenfeld hernieder.
Da kam aus seiner Höl' ein Hamster und begann:
Sprich, wie vermagst du noch in solcher Zeit zu singen?
Verderben siehst du hier; die Zukunft dräuet Not - -

Die Lerche sprach: vom Staub uns Himmelan zu heben,
Ward uns Gesang und Flügelschwung gegeben -
Sieh, durch die Wolken bricht des Himmels Strahl hervor.
So sang die Lerch' und schwang von neuem sich empor.

aus: "Apologen und Paramythien", 1810

Auch das folgende Gedicht zeigt Krummachers Unwillen gegenüber der napoleonischen Tyrannenherrschaft:

Die Nachtigall und die Pfauen.

Um seinen Landsitz schuf ein reicher Mann
Sich einen Park von mancherlei Gehölz,
Ein murmelnd Bächlein floß im stillen Hain,
Doch hörte man seit langer Zeit nicht mehr
Der Nachtigall erfreulichen Gesang.
Denn im Gebüsch versteckt beschlich sie oft
Des Hofes Katzenvolk und würgte dann
Der Sänger frommes Paar zusammt der Brut.

Die Nachtigall entfloh. - Des Hofes Herr
Befahl dem Gärtner nun, mit Kunst und Fleiß
Die Sängerin zu locken ins Gebüsch.
Er gieng und bot ihr Köder dar, und sprach:
Wo findest du ein kühleres Gehölz,
Als diesen Park, das klare Bächlein beut
Dir seinen Trank, und Echo harret dein.

Umsonst! die Nachtigall blieb unbewegt.
Denn im Gebiet der finstern Tyrannei
Kann nicht des Liedes freie Kraft gedeihn. -

In seinem Park hielt sich der Reiche nun
Der bunten Pfaun laut schreiendes Geschlecht.

aus: "Apologen und Paramythien", 1810

Im Vorwort zu diesem in Kettwig herausgegebenen Werk erläutert Krummacher, wie er diese Fabeln gelesen sehen möchte: *"Merkwürdig ist es, daß die Apologen vor allem in solchen Zeiten gedichtet und geliebt wurden, wo es dem Menschen noth that, sich seiner Freiheit bewußt zu werden. Darum beziehen sich so viele Apologen auf Politik."*

Kettwiger und Essener Freunde

An allen sechs Stationen seiner beruflichen Tätigkeit (Hamm, Moers, Duisburg, Kettwig, Bernburg, Bremen) hatte Krummacher einen überaus großen Freundeskreis.

"Ich gedenke meiner Freunde oft, und zuweilen hungert mich nach ihnen." [12]

Neben der Arbeit und der schriftstellerischen Tätigkeit nahm er sich die Zeit, durch regen Briefwechsel - oft schrieb er täglich mehrere Briefe - diese Freundschaften über Jahre hinweg zu pflegen.

"Im Frühlingsanfang sollten sich Freunde begrüßen. Denn der Frühling ist das schönste Bild der leisen stillen Freundschaft und Liebe, durch deren Gewalt und Schöpferkraft alles Schöne und Gute, wie die Blume des Frühlings leise emporkommt - in und mit ihm lebt Alles wieder auf, Alles vergnügt sich. So soll auch die wahre Freundschaft sich ewig verjüngen und wie alter Wein jugendlicher glühen, je älter sie wird. - ..." [13]

Im Folgenden kann nur auf einige wenige Freunde aus der Kettwiger Zeit eingegangen werden.

1. Familie Scheidt

Eine wichtige Rolle im Kettwiger Leben der Krummachers spielte die schon erwähnte Maria Schneider geb. Scheidt. Als alleinstehende Frau war sie mit ihren beiden Töchtern aus Krefeld nach Kettwig zu ihrem Bruder Wilhelm Scheidt übergesiedelt, wo sie häufig ihre kränkelnde Schwester Friederike Möller zu Gast hatte und so den gleichen freundschaftlichen Kontakt zur Pfarrfamilie hatte wie diese. Für Krummacher war sie gern gesehene Gesprächspartnerin und Vertraute, die ihn auf vielen seiner langen Spaziergängen mit ihren Töchtern und seinen beiden ältesten Söhnen begleitete.

Friedrich Wilhelm Krummacher, der zusammen mit Marias Töchtern Frederica und Juliane 1811 in der Kettwiger Kirche vom Vater konfirmiert wurde, hat Maria Schneider in seiner Selbstbiografie ein Denkmal gesetzt:

"Einen besonders heilsamen Einfluß übte auf unsere Erziehung... eine am Orte selbst wohnende, früh verwittwete Freundin unseres Hauses, welche uns noch heute als eine Erscheinung vor Augen steht, in der sich mit der Stärke eines männlich dominirenden Geistes eine vollendete weibliche Anmuth und die feinste Bildung harmonisch verbanden. Es war dies die Doktorin Schneider. ... und deren Erscheinung mir, so oft ich an die Worte des Göthe'schen Tasso denke: 'Wollt ihr wissen, was sich ziemt, so fraget nur bei edlen Frauen an,' vor der Seele schwebt.[14]

Dr. Friedrich Strauß, Pfarrer in Ronsdorf, Freund der Krummacherschen Familie und Verfasser der vielgelesenen *"Glockentöne - Erinnerungen aus dem Leben eines jungen Geistlichen"*, schätzte die besonderen Fähigkeiten von Maria Schneider und bezeichnet sie gar als *"...die geistvollste Frau im Bergischen, Frau Doctorin Schneider, die vertrauteste Freundin von F. A. Krummacher..."* [15], die ihm bei der Entstehung der *"Glockentöne"* beratend und helfend zur Seite stand.

Auch zu *Wilhelm Scheidt*, dem Bruder von Friederike und Maria und deren Vetter *Gottfried Scheidt*, den beiden Fabrikbesitzern, pflegte Krummacher enge Kontakte.

Wilhelm Scheidt
Gottfried Scheidt

"Im Kirchfeld",
Villa der Familie Scheidt

1799 hatte Gottfried das viel zu klein gewordene Stammhaus der Familie am Kirchplatz verlassen und der Kirchengemeinde ein großes Grundstück "im Kirchfeld" abgekauft. Dort ließ er das erste große Patrizierhaus Kettwigs bauen (heute: Kirchfeldstraße Nr. 16), das bis heute erhalten ist. Nicht mehr vorhanden sind der sich daran anschließende riesige Park, die Obst- und Gemüsegärten und die großen Hallen für die Fabrik.

Peter Cornelius

1809 waren kurz hintereinander zwei der sieben Kinder von Gottfried und seiner Frau Johanne Charlotte geb. Achenbach (Tante der berühmten Düsseldorfer Maler Andreas und Oswald Achenbach) gestorben. Die jüngste Tochter Ida war noch keine zwei Jahre alt, als sie, ebenso wie ihr sechsjähriger Bruder zwei Wochen zuvor, an Epilepsie starb. Die Beerdigung vollzog der Freund der Familie F. A. Krummacher.

Die Mutter kam über diesen tragischen Verlust nicht hinweg, weswegen Vater Gottfried nach Düsseldorf wanderte und sich bei der Kunstakademie einen Maler empfehlen ließ. So kam der damals sechsundzwanzigjährige *Peter Cornelius* (*1783 in Düsseldorf, †1867 in Berlin) ins Haus an der Kirchfeldstraße, um ein posthumes Porträt des Töchterchens anzufertigen.

Der junge Künstler löste diese Aufgabe sehr phantasievoll: Das Kind schwebt, mit zarten Schmetterlingsflügeln versehen, aus einer dunklen Meereslandschaft ins helle Himmelslicht.

Peter Cornelius: „Aufschwebende Psyche", Porträt der Ida Scheidt

Da dieses Gemälde, das für viele Kettwiger jahrzehntelang als verschollen galt, von mir ausfindig gemacht werden konnte, seien hier noch einige Einzelheiten erwähnt:

1859 bat Ferdinand Scheidt, älterer Bruder der kleinen Ida und inzwischen Besitzer des Bildes, den mittlerweile hochberühmten und geadelten Peter von Cornelius um eine Expertise zu seinem Jugendwerk. Ein herzlicher Brief begleitet die gewünschte offizielle Beglaubigung:

"Die freundliche, gar liebevolle Aufnahme, die ich einst in Ihrem väterlichen Haus fand, und alles, was ich dort erlebte, steht noch nach einem halben Jahrhundert lebendig in meiner Erinnerung. Indem ich von Herzen wünsche, daß beifolgendes Attest Ihnen von einigem Nutzen sein möge, empfehle ich mich Ihnen mit aller Verehrung. Ihr treu ergebener Dr. v. Cornelius. Rom, 23.1.1859"

Cornelius scheint eine unangenehme, fünfzig Jahre zurückliegende, Episode im Hause Scheidt vergeben (oder vergessen) zu haben, denn bei Erfüllung seines Porträtauftrages hatte er sich in die fünfzehnjährige Adelhaid, die ältere Schwester der kleinen Ida, verliebt. Auch Adelhaid war dem Maler, der ihr glühende Gedichte schrieb, äußerst zugetan, aber Vater Gottfried machte der Liaison ein schnelles Ende: ein armer Maler in einer der angesehensten Familien am Orte - undenkbar! Für das Gemälde, mit dem die Eltern sehr zufrieden waren, bekam er das doppelte Honorar, dann durfte er seiner Wege ziehen.

1883 schenkte ein Angehöriger der Familie, Kommerzienrat Wilhelm Scheidt, das Bild der Städtischen Gemäldegalerie Düsseldorf, wo es in zahlreichen Ausstellungen gezeigt wurde.

Da die Anfertigung dieses Gemäldes einer der ersten offiziellen Aufträge für den später sehr angesehenen Maler war, wurde die Straße, die an das ehemalige Scheidtsche Grundstück grenzt, Corneliusstraße genannt.

Heute befindet sich das Bild unter dem Titel *"Aufschwebende Psyche"* in den Beständen des *"Museum Kunstpalast"* in Düsseldorf.

2. Bernhard Christoph Ludwig Natorp
(*1774 in Werden a.d.Ruhr, †1846 in Münster)

Natorp, Sohn des Werdener lutherischen Predigers Heinrich Bernhard Natorp, war zunächst - wie viele Theologen seiner Zeit - als Lehrer tätig. Von 1798 bis 1809 hatte er dann die Pfarrstelle der lutherischen Gemeinde in Essen inne, machte sich aber vor allem als Schulreformer einen Namen, indem er Vorschläge ausarbeitete, die desolate Essener Bildungssituation zu verbessern.

Essen, das damals nur ca. 5000 Einwohner hatte, besaß zwei Gymnasien, die aber beide so schlecht waren, dass 1803 ein visitierender preußischer Beamter schreibt: *"Zwar hat die Stadt zwei Gymnasien; allein das katholische ist ganz von der gewöhnlichen Art...das lutherische Gymnasium aber - eine Ruine."* [16] In den Elementarschulen war die Situation noch bedrückender, da oft mehr als hundert Kinder aller Altersstufen von einem schlecht ausgebildeten Lehrer in einem Raum unterrichtet wurden.

Natorp

Eine enge Freundschaft verband Natorps Familie mit der Familie von *G. D. Baedeker* - sie wohnten in Essen direkt nebeneinander und Baedeker verlegte einen Großteil seiner Schriften.
Wilhelm von Humboldt, der auf den engagierten Schulreformer aufmerksam geworden war, berief ihn für großangelegte Erneuerungen des Schulsystems nach Potsdam, wo er mit diesem zusammen ein Vorreiter der systematischen Schullehrerausbildung wurde.
1816 ging Natorp als Consistorialrat nach Münster und war dort von 1836 bis zu seinem Tod Vizegeneralsuperintendent der Ev. Kirche

von Westfalen. Zur gleichen Zeit war in Münster als Oberconsistorialrat Anton Wilhelm Peter Möller (1762 - 1846) tätig, bester Freund und Schwager Krummachers. Oft bedauerte Krummacher, nicht in der Nähe dieser beiden herausragenden Männer wirken zu können - auf *"roter Erde"*, wie er seine geliebte westfälische Heimat gerne nannte.

Vor allem die Verbesserung des Gesanges in Schule und Kirche lag Natorp, der selbst Orgel spielte, vorzüglich sang und beachtliche Kenntnisse der Musiktheorie besaß, am Herzen. Bei seinen ausgedehnten Visitationsreisen durch die Mark Brandenburg und später durch Westfalen besuchte er hunderte von Schulen, gab "Modellunterricht", Seminare zur Anhebung des Unterrichtsniveaus und immer wieder Gesangskurse für Lehrer und Schüler.

Eins seiner Hauptwerke, die *"Anleitung zur Unterweisung im Singen für Lehrer in Volksschulen"*, widmete er *"Meinem Freunde Dr. F. A. Krummacher"*.

Um auch den miserablen Gemeindegesang grundlegend zu verbessern, gab er ein *"Melodienbuch"* heraus, in welchem er versuchte, den alten Choralmelodien, die in den letzten hundert Jahren vielfältige unpassende Veränderungen erfahren hatten, wieder ihre ursprüngliche Form zu geben. Bald jedoch mußte er feststellen, dass die schlecht ausgebildeten Organisten viel zu der Misere beitrugen: *"...Man hat fast in allen Kirchen Gelegenheit, eine wahrhafte Verzerrung des Gesanges wahrzunehmen, und man würde sie unerträglich finden, wenn nicht das starke Getön der Orgel sie verdeckte.... In den mehrsten Kirchen ist sogar von der hohen Kunst des Orgelspiels kaum eine Spur zu finden; statt ihrer vernimmt man nur eine elende Dudelei..."* [17]

Nach langem Suchen fand er in dem Darmstädter Hoforganisten und Komponisten *Johann Christian Heinrich Rinck* (1770 - 1846) den geeigneten Mann, ihm bei der Fortbildung der Organisten behilflich zu sein. Gemeinsam schufen sie ein Choralbuch, das - 1829 bei Baedeker verlegt - sofort höchst erfolgreich war und von den Synoden den Gemeinden dringend zur Verwendung empfohlen wurde. Rinck schuf vierstimmige Sätze, die leicht zu spielen waren, aber musikalisch höchsten Ansprüchen genügten und komponierte 1831 noch entsprechende Präludien zu diesen Chorälen.

Von Kettwig aus besuchten Krummachers häufig Familie Natorp in Essen. Zu den engen freundschaftlichen Beziehungen traten später auch noch engste verwandtschaftliche Bindungen, da zwei Kinder von Natorp zwei Kinder Krummachers heirateten:

Marie Krummacher ∞ Gustav Natorp

Eduard Krummacher ∞ Adelheid Natorp

Im Februar 1845 schreibt Natorp an Krummacher noch einen letzten launigen Brief: "*...Wie gern möchte ich mit Dir einmal über die Zeit und Unzeit der jetzigen Welt parlieren und spekulieren und phantasieren und judizieren! Wir würden ohne Zweifel recht viel Stoff finden, um uns über so manches Getriebe lustig zu machen, wie wir dies in unseren früheren Essener und Kettwiger Tagen oftmals gethan haben. Erinnerst du Dich noch, daß wir einstmals auf dem Wege zwischen Essen und Kettwig es für zweckmäßig und heilsam erachteten, alle Bücher zu verbrennen? Es werden ja auch wirklich die meisten Verkehrtheiten durch libros und scriptas hervorgebracht. Lebe wohl! Vive, vale, valetudinem et corporis et animi cura diligenter!* [Anm.: "habe wohl acht auf die Pflege der geistigen und leiblichen Gesundheit"] *Dein Natorp.*" [19]

Wenige Tage vor seinem Tod am 4. April 1845 gedachte Krummacher noch mit größter Freude der wunderbaren Freundschaft zu Wilhelm Möller und Bernhard Christoph Ludwig Natorp.

Emil Krummacher hatte 1806 [18] fast ein Jahr bei Familie Engels in Essen gelebt, wo Geheimrath Engels und seine Nichte Christiane ihren Wohnsitz hatten. Von dort aus hatte er Freundschaften mit den Söhnen der Freunde seines Vaters geschlossen: mit *Gustav Natorp* - seinem späteren Schwager und mit *Karl Baedeker* - dem zukünftigen Herausgeber der berühmten Baedeker-Reiseführer. Von Vater B. Ch. L. Natorp erhielt er den ersten Lateinunterricht.

3. Gottschalk Diedrich Baedeker
(*1778 in Essen, †1841 in Essen)

Im Ruhrmuseum Essen befindet sich dieses Porträt Baedekers, das Krummachers Schwiegersohn Wilhelm von Kügelgen 1834 malte.

Baedeker hatte in Essen den Verlag G. D. Baedeker gegründet und zusammen mit Druckerei und Leih-und Lesebibliothek ein auf drei Säulen ruhendes blühendes Unternehmen geschaffen. Neben der Herausgabe der zweimal wöchentlich erscheinenden Zeitung *"Allgemeine Politische Nachrichten"* spezialisierte er sich besonders auf die Herausgabe von Schulbüchern, Liederbüchern und geistlichen Werken für Kirche, Schule und Haus. Er druckte Liedersammlungen Harders, wichtige Bücher Natorps und veröffentlichte einen großen Teil der Werke Krummachers. Natorps *"Die Kleine Bibel"* von 1802 ist das erste Buch, das im Verlag von G.D.Baedeker herausgegeben wurde. Mit den Werken der beiden Freunde Krummacher und Natorp wurde der Grundstock für den Erfolg des Baedeker-Verlags gelegt und noch 1875 sind im Verlagssortiment 20 Titel von Krummacher und 18 von Natorp enthalten.[20]

Durch die intensive verlegerische Tätigkeit entstand eine enge Freundschaft mit Krummacher, die vor allem während der Kettwiger Zeit durch häufige Besuche gepflegt wurde:

"...die Ausflüge zu befreundeten Familien in der Nachbarschaft...zu der gemüthvollen Bädeker'schen und zu der immer serenen Natorp'schen in Essen,..." [21]

Nach Krummachers Wegzug aus Kettwig waren es viele Briefe Bädekers, die ihn mit Nachrichten über die westfälischen Freunde versorgten und sogar noch in Bernburg und Bremen wurde er vom reisefreudigen Bädeker besucht.

4. Familie Keller

Johann Gerhard Keller (1752 - 1830), früherer Bürgermeister von Orsoy am Rhein, war mit Krummacher seit dessen Duisburger Zeit befreundet. Nach der Aufhebung der Abtei Werden wurde Keller dort Administrator der königlichen Domänen und wohnte direkt in der ehrwürdigen alten Abtei. Von Kettwig aus bedeutete dies über eine Stunde Weges, den Krummacher - oft begleitet von seinen älteren Söhnen - gerne und regelmäßig auf sich nahm, um sich der Gastfreundschaft dieser *"trefflichen, geistesfrischen und in der Liebe des Evangeliums stehenden"* [22] Familie zu erfreuen.

Die Briefe, die Krummacher nach seinem Weggang an Herrn und Frau Keller und deren Tochter Julie schreibt, sind für Kettwig von besonderer Bedeutung, da sie zahlreiche Erinnerungen an Kettwig und dessen schöne Umgebung enthalten. [s. Quellen]

Julie Keller arbeitete in der *Düsselthaler Rettungsanstalt* des Graf Recke, der 1822 ein ehemaliges Trappistenkloster in Düsselthal gekauft und zu einem großen Heim für vernachlässigte Kinder umgebaut hatte. Christiane Engels, die als Erzieherin im Hause Recke und in der Stiftung tätig war, hatte Krummacher gebeten, für diese segensreiche Einrichtung eine Erzählung zu verfassen, deren Erlös dann der Anstalt zu Gute kommen könnte. So hatte Krummacher 1826 die Erzählung *"Das Täubchen"* geschrieben, die schon im ersten Jahr 1700 Rthlr. netto erbrachte, sofort eine zweite Auflage erfuhr und bereits 1827 ins Englische, Französische und Holländische übersetzt wurde.

Der Weggang

Mehrfach hatte Krummacher seinen Kettwigern versichert, in Kettwig bleiben zu wollen, denn schon 1809 hatten sie von Gerüchten gehört, dass der allseits beliebte Pfarrer die Gemeinde verlassen wolle.

Emil, der zweitälteste Sohn, erinnerte sich fast sechzig Jahre später an die abenteuerliche Begegnung, die dann zu Krummachers Weggang führte: *"Endlich kam Ende des Jahres 1811 der Herzog von Anhalt-Bernburg Alexius Friedrich Christian, incognito nach Kettwig, ließ meinen Vater in den Schneider'schen Gasthof zu sich entbieten, und fragt ihn, ob er die Landes-Superintendentur in Anhalt-Bernburg übernehmen wolle. Das war für unsre Familie eine sehr freundliche Fügung Gottes..."* [23]

Herzog von Anhalt-Bernburg Alexius Friedrich Christian

Nach langem Zögern nimmt Krummacher die Wahl an, wobei vor allem finanzielle und schulische Gründe für das Weggehen sprechen.

1. Die Finanzen

Krummacher hatte sich in Duisburg wegen der fehlenden Gehaltszahlungen verschulden müssen und litt zu Beginn in Kettwig unter der Last der Rückzahlungen:

An A.W.P. Möller und seine Frau: ..."*Wenn die alten Schulden nicht wären, so könnten wir vom Gehalte leben, so aber hab' ich in diesem Jahr bis jetzt 412 Rthlr. solcher alten Sünden getilgt und bin nun bald mit meinem Geld auf der Neige...Doch soll in dem folgenden Jahre, so Gott will, der ganze Sauerteig ausgefegt sein. Ich hasse die Schulden wie die Pest, und doch sitzen sie immer wie die atra cura hinter mir auf der croupe...*" [Anm.:"*post equitem sedet atra cura*" (Horaz, Carmen 3,1) = sitzet hinter dem Reiter mit auf die Sorge] KETTWIG, 20. APRIL 1809.

Zwar hatte die Familie Krummacher, um die schmale Kasse aufzubessern, häufig Kostgänger im Haus (*"es genirt wohl und ist mir unangenehm"*), auch gab es Einnahmen durch die schriftstellerische Tätigkeit, aber für die achtköpfige Pfarrersfamilie war das Kettwiger Einkommen einfach zu klein.

2. Die Schule

Da es in Kettwig für die Pfarrerskinder kein Gymnasium gab, hatte Krummacher die beiden Ältesten, die in den ersten Jahren die Kettwiger Pfarrschule zum Elementarunterricht besuchten, zunächst selbst unterrichtet, wofür er drei Stunden täglich veranschlagt hatte. An seinem Französischunterricht nahmen auch Maria Schneiders Töchter Frederica und Juliane teil. Bald mußte er jedoch feststellen, dass seine Zeit nicht ausreiche. So blieb der Unterricht für die Großen in den letzten Jahren sehr lückenhaft.

So begeistert Friedrich Wilhelm in seiner Selbstbiographie die Jahre in Kettwig schildert, so einig ist er sich mit seinem Bruder Emil über die Wichtigkeit des Umzugs nach Bernburg in Bezug auf ihrer beider schulischen Werdegang. So schreibt er 1862 an Emil: *"Ein Gaudium zum Lachen und zum Weinen, beides im buchstäblichen Sinne genommen, hast Du mir durch Deine epistola gratulatoria zu meinem Geburtstage bereitet. Gott erhalte Dir diesen kostbaren Humor, der diesmal durch die Heraufbeschwörung der "antediluvianischen"* [lat. = "vorsintflutlich"] *Bilder und Persönlichkeiten aus unseren Leben in demselben Momente und Grade das Zwergfell mir erschüttert und die Thränendrüsen mir geöffnet hat. Ja, eine Riesenkluft zwischen dem Kettwiger "Heisterbusch" und den Potsdamer Königsgärten* [Anm.: F.W. war Hofprediger in Potsdam]*; und doch, wie viel frische Landluft weht mich heute noch aus jenen an! Freilich waren wir damals noch Heidebuben, in unbewußter Naturvergötterung schwelgend; aber desto leichter wird es uns jetzt, Mitleid zu haben mit Solchen, die heute noch sind, was wir damals waren.-..."* [24]

Und Emil notiert 1870 in seinen Lebenserinnerungen:

...*"Das war für unsere Familie eine sehr freundliche Fügung Gottes* [Anm.: gemeint ist der Umzug nach Bernburg] *und namentlich für uns Knaben darum wichtig, weil in Bernburg unter der Direktion des Professors Herzog ein treffliches Gymnasium bestand, das in großem Rufe stand und auch von vielen auswärtigen Schülern besucht wurde."*... [25]

Wie wichtig die Entscheidung für das gute Gymnasium Bernburgs war, zeigt der Werdegang der Söhne. Alle vier schlugen eine akademische Laufbahn ein: Friedrich Wilhelm, Emil und Julius wurden Theologen, wobei Friedrich Wilhelm als Hofprediger in Potsdam die Berühmtheit seines Vaters erreichte; Eduard wurde praktizierender Arzt in Bremen und begleitete dort die letzten Jahre seiner Eltern.

Für die Töchter war ein Studium zu Beginn des 19. Jahrhunderts nicht möglich und für Krummacher auch nicht denkbar:

An Frau Dr. Wienholt in Bremen: *"Meine Töchter haben das gar nicht empfangen, was man Bildung nennt. Von unserer sogenannten schönen Literatur wissen sie so gut als nichts, verstehen keine einzige fremde Sprache, wissen nicht schön zu reden, sind befangen bei Fremden, lesen aber z. B. Menken's Homilien mit Freuden, und singen bei häusiger Arbeit aller Art fröhliche Lieder."*... BERNBURG, 9. MÄRZ 1824.

Ganz so gering kann die Erziehung aber nicht gewesen sein - beide Töchter heirateten "standesgemäß": Marie wurde Gattin von Pfarrer Gustav Natorp, Julie heiratete den Hofmaler Wilhelm von Kügelgen.

"Ein rührender Abschied"

Trotz der guten Gründe, Kettwig den Rücken zu kehren, wurde die Trennung für alle Beteiligten schwer.

An Möller nach Breslau: *"Ich denke erst Anfangs Mai, so Gott will, den Pilgerstab zu nehmen. Also noch das Kommen und vielleicht auch die Blüthen des Frühlings hier sehen. Ich verlasse sie ungern."* KETTWIG, 27. FEBR. 1812.

Die Gemeinde trauerte um den allseits beliebten Prediger und beim Abschied flossen viele Tränen:
An Friederike Möller in Breslau: *"Den 24. Mai hielt ich meine Abschiedspredigt in Kettwig vor einer ungeheuren Menschenmenge. Es war ein rührender Abschied... Die übrige Zeit lief ich durch die Gemeinde und nahm bei manchem Abschied. Da habe ich recht*

die Liebe und Gutmüthigkeit der Kettwiger erkannt. Manche Bauernfamilie weinte, als ob sie einen Vater verlieren sollte. Die letzten Tage waren Tage des Schmerzes, der Zerstreuung und oft der Verwirrung - ich blieb jedoch gesund. Maria Schneider mit ihren Mädchen begleitete uns bis an die Meisenburg - da erfolgte die bitterste Trennung - die arme Maria! O wie hat sie uns beigestanden in den letzten Tagen - ich habe sie sehr lieb." BERNBURG, 25. JUNI 1812.

In seiner Abschiedspredigt verkündete er tief bewegt: *"Ich verlasse mein Elim"* [26], worauf die versammelte Gemeinde ihm mit ihren Tränen antwortete. War die Eingewöhnung in das ungewohnte Kettwiger Leben schwer gefallen, so wurde der Abschied für die ganze Familie nach nur fünf Jahren tränenreich und schmerzlich:

"Der Abschiedsschmerz wurde überwunden; - schwer; - aber er wurde es doch, und so ging's denn in alter Weise in zwei Kaleschen auf großentheils holperichten Landstraßen in vielen Tagesreisen dem neuen Wohnorte zu." [27]

Auch an seinen späteren Wirkungsstätten in Bernburg und Bremen erinnert Krummacher sich gerne an die Zeit in Kettwig. In seiner Schrift *"Die freie evangelische Kirche"* von 1821 schildert er eine "Idealgemeinde" im Rheinland mit Presbyter- und Pfarrwahl, mit Einholung des neuen Pfarrers und Gemeindeleben, wo mehrfach Kettwig erwähnt wird. Hier stehen auch seine berühmtesten Verse über Kettwig, die in Veröffentlichungen über Kettwig immer wieder zitiert werden:

Kettwig, friedliches Thal, umkränzt von grünenden Hügeln
Und von Quellen umrauscht - dein auch gedenk' ich so gern.

In den Anmerkungen zu diesem Vers schreibt er:

"Kettwig. Der Verfasser war hier Pfarrer von 1807 bis 1812. Er wird immer der schönen Gegend und der Liebe vieler guten und frommen Bewohner mit Rührung gedenken." [28]

Kettwig zur Franzosenzeit – eine Annäherung
Peter Marx

Wie kann man sich Kettwig zur Zeit Krummachers vorstellen? Bei der Annäherung an diese Frage ist Vorsicht geboten, denn ein solcher Versuch beinhaltet immer Projektionen aus der Gegenwarts-Perspektive des Fragenden. Diese Warnung vorangestellt, lässt sich doch eine kleine Zeitreise wagen. Die solide und traditionsreiche Heimatforschung in Kettwig hat viele hilfreiche Dokumente zusammengetragen, es gibt zeitgenössische Schilderungen, Zahlen, einen Katasterplan von 1821, schließlich eben auch literarische Quellen und Beschreibungen in Briefen. Die reizvolle landschaftliche Lage Kettwigs hat immer wieder die unterschiedlichsten Menschen zu Beschreibungen inspiriert.

An der Kirchtreppe

Der angehende Pfarrer Prof. Dr. Krummacher kam aus Duisburg in ein ausgesprochen ländliches Dorf. Mit etwas über 3.000 Einwohnern[1] war die Gemeinde zwar größer als etwa Dinslaken und nicht viel kleiner als das vorindustrielle Essen (!), aber im Dorf selbst lebten davon nur etwas weniger als die Hälfte, um die 1.500 Einwohner. Damals wie heute bildet die evangelische Kirche den Mittelpunkt Kettwigs, und trotz einiger Umbauten - die Kanzel ragte damals beispielseweit in den Kirchenraum hinein – ist die Kirche am Markt ein idealer Ausgangs- und Orientierungspunkt unserer Zeitreise. Um sie herum befand sich der alte Friedhof. Viele der Häuser an der Kirchtreppe standen bereits, Fachwerk dominierte.

Die reformierte Gemeinde Kettwig hatte zwei Pfarrer, Krummacher traf auf einen erfahrenen, bodenständigen Kollegen, Pfarrer Camphausen, der schon seit 1781, also 26 Jahre im Amt war. Er starb 1823, mit seiner Beerdigung wurde der neue Friedhof an der Brederbachstraße geweiht. Krummachers Vorgänger Friedrich Weerth, ein junger und sehr engagierter Geistlicher, hatte sich besonders um die Schulbildung verdient gemacht,

Die beiden Pastorate an der Pfarrkirche. Krummachers bewohnten das Pastorat II (Bild links und rechts unten).

er war wegen dieser Erfolge von der aufgeklärten Fürstin Pauline[2] nach Detmold gerufen worden. Da Krummacher auch für die Schulen zuständig war, traf er hier dank Weerths Vorarbeit auf bessere Voraussetzungen, als sie damals zu erwarten gewesen wären (siehe „Glücksfall Bildung", Seite 58).

Die beiden Pastorate lagen südlich der Kirche, Camphausens Pastorat I St. Petrus auf der Fläche des heutigen Gemeindehauses (von ihm ist noch der Brunnen im Gemeindehaus erhalten); die Krummachers bezogen das Pastorat II, St. Jakobus, das an der Hauptstrasse lag und 1883 abgerissen wurde. Heute befinden sich dort der Kirchvorplatz und das Kaiser-Wilhelm-Denkmal.

Die evangelische Gemeinde war „reformiert", hing also den Lehrern Zwinglis und Calvins an und glaubte demnach an die Prädestination, das heißt die göttliche Erwählung des Einzelnen. Damit stand sie in deutlichem Unterschied zu den Lutheranern. Für die Reformierten folgte aus der von Gott geschenkten Erlösung eine Lebensführung, die ihrer Auffassung nach Gottes Willen entspricht: Ehrlichkeit, Fleiß, Sparsamkeit, Disziplin und Verzicht auf Vergnügungen und Luxus. Dies hatte – auch wenn sich dies aus heutiger volkswirtschaftlicher Sicht paradox anhört - positive Folgen für die Wirtschaftsentwicklung, denn der Konsumverzicht hatte zur Folge, dass der Löwenanteil des Gewinns eines Wirtschaftsunternehmens in die Produktionserweiterung und die jeweils neuesten und effektivsten Maschinen und Herstellungsmethoden investiert werden konnten.

Trat Krummacher aus der Kirchtür, waren es also nur wenige Meter bis zu seinem Wohnhaus, in dem er neben seiner großen Familie und Dienstpersonal zur Aufbesserung des schwachen Einkommens auch noch Kostgänger beherbergte. Neben dem Haus gab es einen Garten, der zur Hauptstrasse durch eine Mauer abgegrenzt war. Diese sogenannte Immunität diente der Sicherung des Friedhofs, der noch unmittelbar an der Kirche lag.[3] An der Mauer standen frisch gepflanzte Pappeln; diese waren zur Napoleonzeit sehr populär, da Napoleon seine Heerstrassen zur besseren Orientierung im Winter und als Schattenspender im Sommer mit dieser schnell wachsenden Baumart bepflanzen ließ.

Im zweiten Bändchen der in den 20er und 30er Jahren des 20. Jhs erschienenen Bändchen „Kettwig in Geschichte und Sage" erinnert sich der 1845 geborene Verleger Fritz Flothmann noch aus eigener Anschauung an diese Szenerie, die bis zum Abriss der Pastorate 1884 bestand: *„Hier sei noch von dem zwischen den beiden alten Pastoraten gelegenen „Kamphauser Plätzchen" die Rede. Es stellte die nächste Verbindung vom Marktplatz und der Flockengasse aus dem Kirchplatz dar, zu dem eine Treppe von etwa sechs Stufen hinaufführte. In zur ersten Pastorat gehörigen alten Stallungen waren die städtischen Feuerspritzen untergebracht; an einer den Garten der zweiten Pastorat begrenzenden überdachten Mauer hingen die Brandleitern. Auch war hier der Eingang zur Katechisierstube. – Hier ging´s vor Beginn des Unterrichts wohlmahl recht wüst zu. Den Pastor Hasbach konnte man kommen sehen, aber Pastor Isenbügel, zu dessen Pastorat die Katechisierstube gehörte, stand wohlmahl plötzlich in der tobenden Menge und schlug mit dem Schlüssel auf den Ofendeckel."*[4]

Kettwig-Altstadt nach der Kataster-Uraufnahme 1821

1 | Kirche
2 | Pastorat 2 = Wohnung Krummacher
3 | Pastorat 1 = Wohnung Camphausen
4 | Gasthof Schneiders
5 | Haus Engels
6 | Schule am Hexenbergweg
7 | Gemeindeschule am Meistersweg
8 | „Gasthaus"
9 | Villa Scheidt

Die Hauptstrasse verlief nur bis ungefähr zur Einmündung der heutigen Wilhelmstrasse. Ging man von der Kirche aus in diese Richtung, lagen rechterhand über eine weite Strecke Gärten und Wiesen, die zum Bleichen der Leintücher genützt wurden – der sogenannte „Rahmenhof". Die nächsten Häuser auf der rechten Wegseite folgten erst vor der Einmündung der Ruhrstrasse – das Gasthaus Schneider („Kettwiger Hof", heute Supermarkt „Netto") und das markante Haus Engels (erbaut 1709), bis heute ein Blickfang. Die linke Seite der Hauptstrasse dagegen war bebaut, ebenso die Kringsgat. Enge Gässchen wie die Kringsgat waren typisch, da es keine Bauordnung gab und keinerlei Straßenplanung; die meisten Wege mussten lediglich dem Durchkommen einer Schubkarre genügen.

„Man baute mit Vorliebe so, dass eine Ecke des Hauses vor dem Nachbarhause vorsprang und brachte in diesen Vorsprung ein kleines Fenster an, damit man die Straße beobachten konnte, was besonders die alten Leute liebten. Auch kümmerte es niemanden, wenn hohe Haustreppen weit in die Straße vorsprangen. Die Häuser waren durchweg in Eichen-Fachwerk gebaut, bei vielen sprang das obere Stockwerk vor und war dieser Vorsprung mit vielen Schwalbennestern besetzt. Den lieben Schwälblein war damals im Dorf der Tisch weit reicher gedeckt, als heute in der Stadt." [5]

Das alte Gasthaus „Unten im Dorf" zu Kettwig um 1860

Unser Spaziergang führt nach dem kurzen Abstecher nach links zurück zur Hauptstraße und am Haus Engels aus der „Oberstadt" rechts die Ruhrstrasse hinunter in die wahrscheinlich ältere „Unterstadt". Die Ruhrstrasse und der Mühlengraben sowie der „Knüppelmarkt" waren dicht bebaut; viele Häuser, an denen Krummacher hier vorbeiging, stehen noch heute. Wo es heute links zum Eis- und Brückencafé geht, stand das „Gasthaus", das zu Krummachers Tagen allerdings nicht mehr wie in den Jahrhunderten zuvor als Herberge und Armenhaus fungierte. Neben dem „Parlament" führte eine steil abfallende Straße zur Mühle und über eine Brücke zur Fähre über die Ruhr.

Zwischen Haupt- und Ruhrtrasse gab es einige kleine Pfade, z.B. zum Schulgebäude (heute Wohnhaus) hinunter; erhalten ist davon noch der Hexenbergweg.

Über die Kirchstiege führt unser Spaziergang wieder hoch zur Oberstadt, hier waren der Teil der Hauptstrasse westlich der Pfarrkirche und die Kaisergasse beidseitig bebaut. Durch die Kaisergasse ging man dann weiter Richtung Meisenburg, Bredeney und Essen.

Dazwischen und darum viel Grün; Gärten und Äcker, alles sehr offen und bäuerlich. Nur etwa 180 Häuser standen insgesamt im Dorf, dazu einige Fabrikgebäude. Das Ganze war nichts für weiße Strümpfe und feine Nasen: Vor und zum Teil auch in den Häusern lagen Mist- und Abfallhaufen auf den überwiegend unbefestigten Straßen, Kühe wurden zur gemeinsamen Weide in den Ruhrwiesen am Kattenturm getrieben und ließen ihren Kot fallen, darin und in den Misthaufen wälzten sich die Schweine. Zu den offiziellen Dienstpflichten des Küsters gehörte es, die Schweine vom Kirchplatz, also dem Friedhof, fernzuhalten. Es gab weder Straßenbeleuchtung noch Kanalisation; hier und da lagen an den Häusern entlang dicke Steine, über die man sich, wenn die Straße allzu morastig geworden war, springend fortbewegen konnte.

Die zukünftige Entwicklung hin zur repräsentativen Kleinstadt markierte lediglich das noch ganz neue, 1800 erbaute klassizistische Wohngebäude von Gottfried Wilhelm Scheidt in der Kirchfeldstraße, das für das Fachwerkdorf ein enormer architektonischer Impuls gewesen sein muss. Scheidt hatte sein Patrizierhaus mit angeschlossener Produktion abseits des Dorfkerns als Solitär erbaut, damals ganz ohne Straßenanbindung und nur über Schubkarrenpfade zu erreichen.

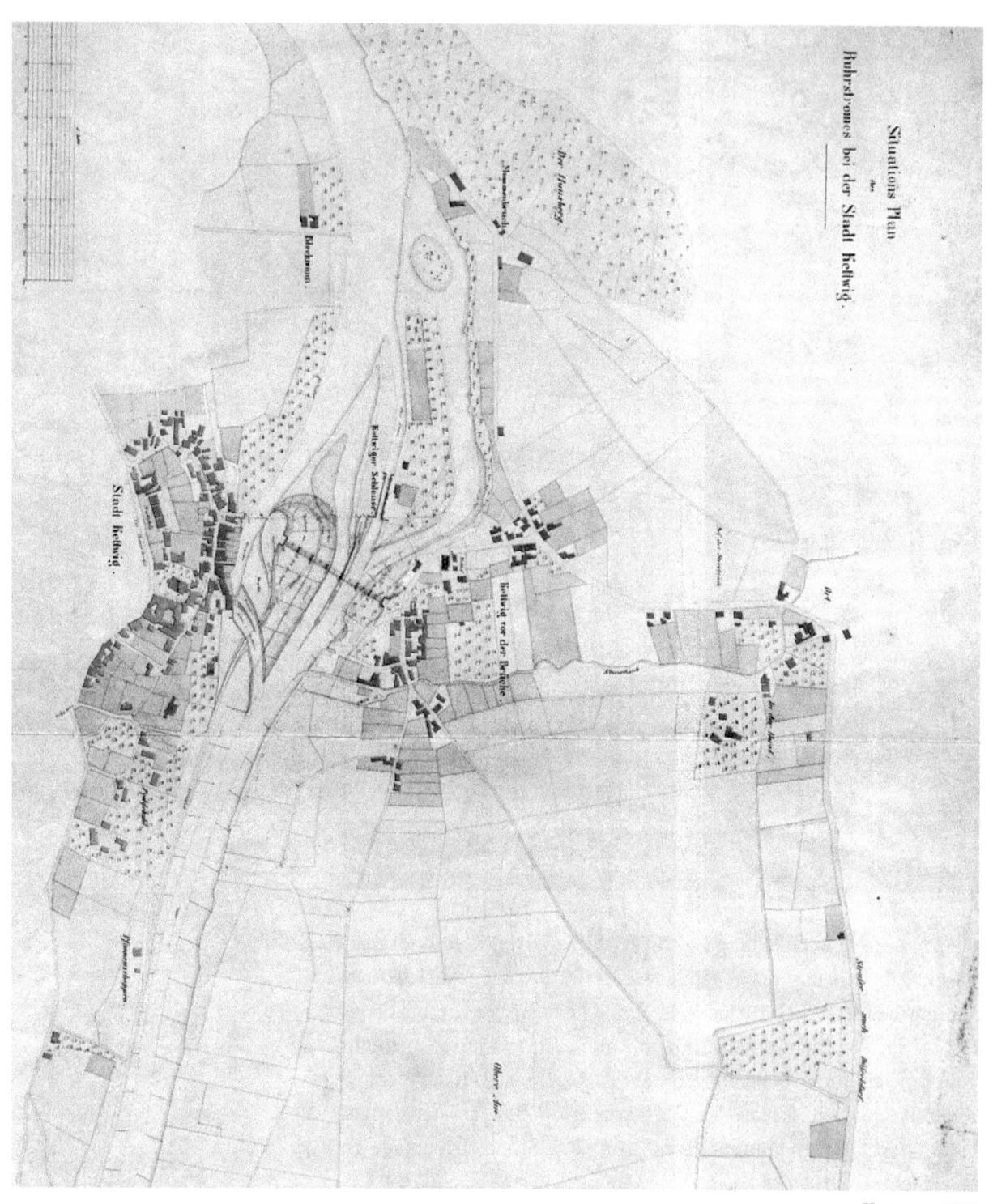

Karte von 1852

Ein protestantisches Weberdorf

Das Dorf Kettwig ist 1807 durch und durch protestantisch. Die knapp 200 Katholiken hatten gerade erst ein Jahr zuvor, 1806, ein Fabrikgebäude der Fa. Engels erworben und zur Kapelle umgebaut, übrigens mit tatkräftiger Unterstützung des Kettwiger Landrichters Müller, des Fabrikanten Scheidt und vieler Kettwiger Protestanten. Erst 1812, als Krummacher Kettwig verlässt, wird Kettwig zur von Werden unabhängigen selbständigen katholischen Gemeinde. Die heutige Kirche St. Peter wird von 1826-1830 gebaut, ihren markanten Turmhelm erhält sie erst 1886.

Krummachers evangelisch-reformierte Gemeinde zählt 15mal mehr Seelen. Ein Großteil der Gemeindemitglieder wohnt gar nicht im Dorf, sondern weit verstreute in Bauernhöfen und Kleinsiedlungen („Honnschaften") diesseits und jenseits der Ruhr. Unter den im Gebiet der Abtei Werden verstreuten evangelischen Höfen waren viele wohlhabende Bauern, die das Gemeindeleben entscheidend mitbestimmten. „Gewaltig groß" findet Krummacher seine Gemeinde, die Besuche der Höfe erfordern oft stundenlange Fußwanderungen über Berg und Tal. Will er Gemeindemitglieder auf der anderen Ruhrseite besuchen, z.B. am Hausberg, über dem er vom Fenster aus die Sonne aufgehen sieht, muss er die Fähre nehmen, denn eine Brücke wird es erst 1865 geben. Dort auf der anderen Ruhrseite in Kettwig vor der Brücke gibt es zudem eine jüdische Synagogengemeinde.

Neben der Landwirtschaft gibt es in Kettwig 1807 bereits eine nennenswerte, das Dorfleben dominierende, Textilproduktion. Es agieren vier größere Tuchfabrikanten (darunter die bekannten Familien Scheidt) und 15 selbständige Weber, die aber meist nur einen Webstuhl haben. In vier Fabriken wurde auf Handmaschinen Garn aus Baumwolle gesponnen, daneben gab es drei „Kratz- und Schrubbelfabriken". Aus Kettwig arbeiteten etwa 240 Personen in den Fabriken, weitere 140 in abhängigen Gewerben, etwa als Färber oder Näher. Zahlreiche weitere Arbeiter kommen aus Nachbargemeinden. Die Ware wurde nach Norddeutschland, Holland, Dänemark und Russland geliefert.

> Insgesamt stehen in Kettwig 54 Webstühle. In 125 der 177 Häuser im Dorf wird Textilwirtschaft betrieben.

Municipie Kettwig

Großherzoglich Bergische Truppen
1812

Politisch waren Krummachers Kettwiger Jahre eine bewegte Zeit, ein historischer Ausnahmezustand. Jahrhundertelang hatte das Dorf zur Abtei Werden gehört, deren Abt zugleich der weltliche Herrscher war. Im Großen und Ganzen kamen das katholische Werden und das protestantische Kettwig an den beiden Enden des Ruhrtals ganz gut miteinander aus bzw. aneinander vorbei, das Leben „unter dem Krummstab" war im Vergleich zu manchem weltlichen Fürsten recht entspannt.

Diese Situation änderte sich mit der Säkularisation 1803, als das Stift Werden mit Kettwig Preußen zugeschlagen wurde, wobei der Abt und seine Beamten finanziell entschädigt wurden. Die Kettwiger mussten sich also drastisch um- und auf die strenge preußische Verwaltung einstellen; die Steuern stiegen und Kettwig wurde dem Landkreis Duisburg zugeteilt.

Doch schon 3 Jahre später wurden die Karten neu gemischt: 1806 schuf Napoleon das Großherzogtum Berg, in dem die Bayern ihr Herzogtum Berg abtraten, dafür als Ausgleichsgebiete Ansbach und Tirol erhielten und zum Königreich erhoben wurden. Napoleon fusionierte dieses Herzogtum Berg mit dem rechtsrheinischen, bis dato preußischen Kleve – Kettwig vor der Brücke bzw. Laupendahl waren damit bergisch-französisch.[6]

Großherzog von Berg mit Sitz in Düsseldorf wurde Napoleons Schwager, der Reitergeneral Joachim Murat, wie Krummacher Jahrgang 1767. Der ließ trotz des bestehenden Vertrags mit Preußen und gegen Napoleons Absicht am 28.3. 1806 kurzerhand Essen, Werden und Kettwig ebenfalls annektieren, wobei es ihm um die Versorgung seines neuen Großherzogtums mit Kohlen ging. Krummacher kommentiert aus Duisburg: „Gestern haben die Essener dem Großherzog gehuldigt, auch die Beamten. So wird nun ganz Deutschland allmählich ins Französische übersetzt."[7] Die Annektion Essens und Werdens ohne Abstimmung mit Napoleon und gegen die Vertragslage war einer der Gründe für Preußen, Frankreich den Krieg zu erklären, der es nach der Niederlage bei Jena und Auerstedt an den Rand des Abgrunds brachte.

Von 1806 und 1813, damit also genau Krummachers Kettwiger Zeit umfassend, dauerte dann die Franzosenzeit. Kettwig bildete nun mit den Honnschaften Kettwiger Umstand, Ickten, Roßkothen, Schuir, Bredeney und Heisingen eine „Municipie" (Bürgermeisterei). Deren Director war Freiherr Alexander von Schirp zu Baldeney, erster Beigeordneter Gottfried Wilhelm Scheidt aus Kettwig; die Verwaltung blieb bis hin zu den 15 sogenannten Munizipalräten also in lokaler Hand. Die Mairie Kettwig gehörte zum „Arrondissement", also Kreis Duisburg, später Essen, und zum „Kanton" Werden. Die Kettwiger mussten in vielerlei Umsicht umdenken und neue Vokabeln lernen. Napoleon, der 1808 selbst die Regentschaft über sein Großherzogtum Berg übernahm, wollte hier eine Art Vorzeige-Herzogtum etablieren und legte besonderen Wert auf die rasche Einführung seines Gesetzbuches und seiner Verwaltungsstrukturen. Das neue Regime brachte spürbare Fortschritte: die Gewerbefreiheit wurde eingeführt, das Lehnswesen aufgehoben, die Gleichheit aller vor dem Gesetz eingeführt. Verkrustete Strukturen wurden aufgebrochen, die Wirtschaft entwickelte sich zunächst positiv.

Joachim Murat,
Großherzog von Berg 1806-1808

Mit diesem Eintrag beendet der *„Maire von Kettwig"* Alexander von Schirp 1810 die Einträge über Eheschließungen und Taufen im Kirchenbuch, da es im Großherzogtum Berg auf Order Napoleons nun eine staatliche standesamtliche Erfassung gab.

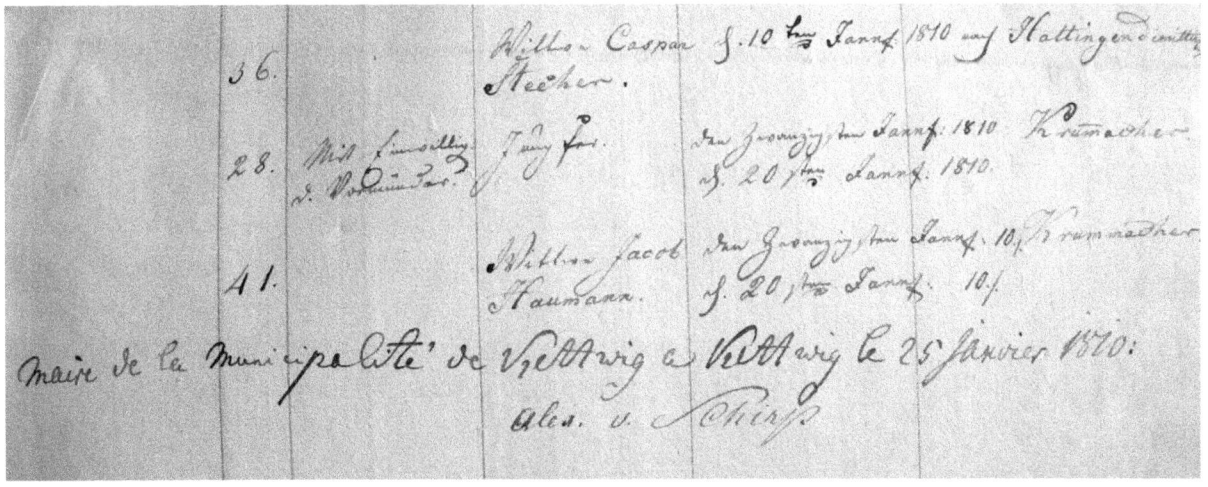

„Indem ich dies schreibe, stört mich das Exerzitium der Franzosen auf dem Markt. Morgen ziehen sie ab, zu dem großen Feste in Paris: das ganze Regiment wird dem Fest beiwohnen. Es hat sich in Ägypten ausgezeichnet, auch steht ein Ägypter dabei als Tambour. Die Grenadiere sind ausgesuchte Leute. Welch ein Leben und Weben in diesen Menschen! Welche Behendigkeit und froher Mut, aber wie freundlich werden sie auch von den Oberen behandelt! Sie exerzieren wie das beste preußische Korps, nur mit weniger Firlefanz. Man begreift leicht, wie es solchen Leuten möglich war, mit Anführern, wie sie sein sollten, die Welt zu überwinden. Sonderbar ist´s, das sich die Kinder den Kerls so gern anschließen. Eben sehe ich meinen Emil sich mit anderen Jungen um die Hand eines bärtigen Grenadiers balgen, und er muß jedem eine geben." BRIEF KRUMMACHERS VOM 29.6.1806 AN MÖLLERS.

Krummacher hatte in seiner Duisburger Zeit bereits Erfahrung mit der französischen Verwaltung gemacht (die linksrheinischen Gebiete waren schon 1794 durch die revolutionäre Armee erobert und 1801 im Frieden von Lunéville offiziell vom Heiligen Römischen Reich an Napoleon abgetreten worden) und lehnte diese ab. Das ist aus seiner Alltagserfahrung vollkommen nachvollziehbar, der Universitätsprofessor bezog monatelang kein Gehalt und hatte deswegen Schulden machen müssen; die Universität war im Hin und Her leerer Versprechungen zugrunde gegangen. Napoleon begriff er als Despoten und Diktator, doch konnte er den Franzosen auch Bewunderung entgegenbringen und ging insgesamt mit der politischen Lage pragmatisch und lebensklug um. Im Staatsarchiv Düsseldorf ist ein Brief erhalten, den Krummacher im Namen des Gemeinderats an den Maire von Kettwig schrieb, am 13. 12. 1811. Hier teilt er mit, dass beim pflichtgemäßen Leuten der Glocken am Napoleonsfest, dem 15. August, der *„letztverflossenen Namens- und Geburtstagsfeier Sr. Kaiserlichen und Kgl. Majestät eine unserer Glocken und zwar die mittlere geborsten und völlig unbrauchbar geworden ist."* Wir wissen natürlich nicht, ob diese Glocke tatsächlich aus diesem Anlass barst, oder an einem anderen Datum; Krummacher jedenfalls lässt nichts unversucht, um Ersatz für die Glocke zu beantragen, denn *„unser Geläut hat dadurch alle Harmonie verloren und wir können nicht ohne Missfallen und Bedauern anhören, wie dieses unser einziges Mittel, die allgemeine Freude unserer Kommune kundzutun und anzudeuten, sich in einer totalen Missstimmung befindet."* Zweifellos ein cleverer Schachzug, die Verwaltung mit Verweis auf die höhere patriotische Bedeutung der Glocke um Hilfe anzugehen und den Maire aufzufordern, in dieser Sache in Düsseldorf aktiv zu werden. Von dort kam tatsächlich Antwort; im ehemaligen abteilichen Gebäude in Siegburg seien mehrere Turmglocken von sehr gutem Metall vorrätig, worüber disponiert werden könne. Ob die Sache weiter verfolgt wurde, ist unbekannt, aber die Episode zeugt von einer gesunden Portion Schlitzohrigkeit im Umgang mit der französischen Verwaltung.

Sah es nach dem Reformeifer der ersten Zeit für die Kettwiger durchaus so aus, als könnte Napoleon wirtschaftlichen Aufschwung und neue Freiheiten mit sich bringen, so zeigte sich schnell, dass die neue Zeit für die Bevölkerung in mehrfacher Hinsicht belastend sein würde. Die 1806 von Napoleon gegen England versperrte Kontinentalsperre lähmte die Wirtschaft und traf besonders die Tuchmacherei hart, da die Rohstoffpreise drastisch stiegen und Napoleon die französische Textilwirtschaft protegierte.

Soldaten für Napoleon

Für seine Feldzüge erhob der Kaiser nicht nur hohe Steuern und Naturalienabgaben, sondern verlangte auch die Gestellung großer Zahlen waffenfähiger junger Männer. Militärpflichtig waren grundsätzlich alle männlichen Einwohner zwischen dem 18. und dem vollendeten 40. Lebensjahr. Anhand der Taufregister wurden die von der jeweiligen Gemeinde zu liefernden Soldaten festgesetzt, wobei sich reiche Dienstpflichtige einen Ersatzmann (Remplaçant) kaufen konnten. Auch wer ausgemustert wurde, musste gleichwohl eine vermögensabhängige Ausgleichszahlung leisten. Die Kettwiger erklärten zunächst kollektiv, aufgrund der Fabriken keinen einzigen Mann entbehren zu können und kamen damit zunächst tatsächlich durch – im Jahr 1808 allerdings gegen eine Zahlung von 1300 Rheintalern, eine enorme Belastung für die Bürger. Doch diese kurze Ausnahmeregelung war mit Murats Weggang[8] beendet, in den Folgejahren wurde mit immer drakonischeren Strafen dafür gesorgt, dass die angeforderten Soldaten auch gestellt wurden, und am verhängnisvollen Rußlandfeldzug 1812 sollen 50 Soldaten aus Kettwig und Umgebung teilgenommen haben – nur 5 davon kehrten zurück. Nach dem gescheiterten Rußlandfeldzug und der Völkerschlacht bei Leipzig im Oktober 1813 brach das französische Herrschaftssystem in Deutschland rasch zusammen.

„Wie belebt die ganze Gegend!" - Das schöne Kettwig

Trotz der politisch und wirtschaftlich schwierigen Umstände lebte es sich im Dorf Kettwig im Großen und Ganzen beschaulich und ungefährlich. Bei der Annäherung an die Frage, wie es hier zur Zeit Krummachers ausgesehen habe, hilft nicht zuletzt ein reizvoller zeitgenössischer Text, die „Reise nach Werden", die Johann Adolph Engels im Jahr 1812 unternahm und ein Jahr später publizierte. Der berühmte Kupferstich „Kettwig an der Ruhr im Großherzogthum Berg" von Ernstkarl Gottlieb Thelot, Professor an der Düsseldorfer Kunstakademie, entstand 1812 im Zusammenhang dieser Publikation.

Engels kommt von Süden und setzt mit der Fähre über die Ruhr: *„Die Aussicht nach dem halb auf dem Berge, halb am Berge am Strom liegenden Kettwig ist sehr schön. Die Kirche liegt am höchsten und erhebt sich über die Häuser, wie ein Meister über seine Gesellen. Vor sich sieht man auf einer Insel die Schleuse. Wie ein Pfeil fuhr ein Kohlenschiff den hier so schnell fließenden Strom hinab. Die Schiffbrücke landet auch an einer Insel, die von einem Arm der Ruhr gebildet wird, welcher zwei Mühlen treibt und über den eine steinerne Brücke führt. Eine Schlacht, oder ein steinerner Damm verbindet die Brücken-Insel mit der Schleusen-Insel und macht einen künstlichen Wasser-Fall, der um so schöner ist, weil das Wasser der Länge nach über ihn hinabstürzt und dann über die Steine sprudelt, die am Fuß des Dammes liegen."* Gleich nach der Ankunft erkundigt sich Engels nach der schönsten Aussicht, man verweist ihn auf den „Bügels-Knappen nahe bei Kettwig".

Der Wanderer ist begeistert: *„Von hier aus hat man eine reitzende Aussicht in ein schönes romantisches Thal. (…) Längst der einen Seite des Berges fließt die Ruhr, und längst der anderen geht die Kunststraße von Kettwig auf Düsseldorf, dicht an dem Fuß des Berges vorbei. Man sieht nur einen Theil von Kettwig, einsam, aber voll Würde liegt es da, als ob es die Gegend beherrschte, - und zwischen Obstbäumen und Feldern liegen die Häuser vor der Brücke, sie scheinen mehr zum*

Landleben, als für Fabrik-Gebäude bestimmt zu seyn. Daneben liegt das Schleusenhaus auf der Ruhrinsel und die Rittersitze Hugenpoet im Thal, und Landsberg am Berge." „Da liegen im bunten Gemisch Häuser, Thürme, Felder, Wiesen, Berge, Flüsse, und mehr als eine Aussicht befriedigt das unermüdete Auge; - und wie belebt ist die ganze Gegend! Auf dem Strom fahren Kohlenschiffe auf und nieder. – Der Chausseeweg ist mit Fuhrkarren angefüllt, am Fluß ladet der Schiffer Kohlen aus; hier arbeitet eine Menge Menschen in den nahen Gärten und sehet da hoch in den Wolken schwebt der Reiher stolz und königlich einher – jetzt stürzt er aus seiner Höhe in den Fluß und fliegt mit seinem Raube fort..." Der Besucher setzt seine Wanderung fort, schwärmt in einem fort von der herrlichen Gegend und kehrt schließlich zu seinem Gasthof Schneider zurück. Ein Besuch beim berühmten Dichterpfarrer darf nicht fehlen: *„In Kettwig lernte ich den Hrn. Dr. Krummacher kennen, er scheint ganz der Mann zu seyn, wie er sich in seinen Schriften zeigt, voll Herz und Geist...".*

Schloß Landsberg

Kettwig heute

Das Maskenspiel des Johann Adolf Engels

Der berühmte Kupferstich von Prof. Thelot entstand im Auftrag des Autors und Papierfakrikanten J. A. Engels für sein Buch *„Die Reise nach Werden, Duisburg und Essen"*, erschienen in Comission bei Baedeker und Kürzel 1813. Das Buch sollte zugleich die Qualität des Kupferstichpapiers der Firma Engels und Teschenmacher aus Schwelm belegen, um für seine Verwendung zu werben, und beinhaltet sogar eine ausdrückliche Empfehlung des Künstlers Thelot: *„Daß das Kupferstich-Papier der Herren Engels und Teschenmacher zu Schwelm vollkommen gut ist, und die feinsten Puncte des Grabstichels deutlich und rein aufnimmt; bezeugen wir hiermit um so lieber, als sich jeder durch die Abdrücke von Werden und Kettwig davon selbst überzeugen kann. Düsseldorf, den 1. Dec 1812."* In seinem Buch spielt Engels – man könnte unterstellen, aus Marketinggründen – ein interessantes Versteckspiel. Im wirklichen Leben war er nämlich selbst Kettwiger, geboren am 20.8.1767 als Sohn des Tuchhändlers und Pächters der Walkmühle, Wilhelm Hermann Engels (1734-1776). Dieser hatte 1770 gemeinsam mit Abt Anselmus von Werden die Ruhrschiffahrtsgesellschaft „Engels & Co." gegründet und gilt als Begründer der Ruhrschiffahrt. Johann Adolf Engels besuchte die Dorfschule in Kettwig. Mit 12 Jahren begann er eine kaufmännische Lehre in Duisburg und begründete dann vielfältige Aktivitäten als Papierhersteller, betrieb oder beteiligte sich an Papiermühlen u.a. in Siegburg, Herne und Schwelm. 1799 pachtete er vom Werdener Abt eine Papiermühle bei Werden unter der Firma H. W. W. Söhne. Die Mühlen waren spezialisiert, die Schwelmer eben auf Kupferstichpapier. Engels größter Erfolg war die Entwicklung von wasserabweisendem Papier aus Schiffstau, das u.a. die

Kettwig 1812, Kupferstich von E. Thelot

Werden 1812, Kupferstich von E. Thelot

Solinger Stahlfabrikanten zum vor Rost schützenden Verpacken nutzten – ein Vorläufer der Plastikfolie. Damit profitierte er von Napoelons Kontinentalsperre, denn solches Papier konnte vorher nur aus England und Holland bezogen werden. Dieses Papier wurde in Werden produziert, wo Engels auch wohnte. Engels war schriftstellerisch vielseitig tätig. Sein fachliches Hauptwerk war der Sammelband „Über Papier" (1808). Er wurde Gemeinderat in Werden und 1814 Landsturmkommandant des Bezirks Werden.

Offenbar wäre eine Schilderung Kettwigs und Werdens von einem dort wohnenden Bürger aber für den Buchmarkt nicht so interessant gewesen wie die Beschreibung eines Reisenden, der ja gewissermaßen den Leser mit einem offenen, unvoreingenommenen Blick mitnimmt. Darum fingiert Engels am Beginn seines Textes, es handele sich um die damals klassische Bildungsreise eines Jünglings. Der Erzähler gibt sich als junger Mann, der mit seinem Vater und dessen Freunden, einem Kaufmann und dem Pfarrer diskutiert, wohin seine Reise gehen solle, wobei sich der Pfarrer für Rom ausspricht, die Mutter aber als Reformierte davor Angst hat, der Junge könne dort seinen Glauben verlieren.

Durch den plötzlichen Tod des Vaters wird aus den großen Plänen aber nichts, und der Erzähler entschließt sich zu der kleineren Reise ins schöne Ruhrtal. In Wirklichkeit starb Engels Vater, als dieser 9 Jahre alt war. Und zur Zeit der Reise, 1812, ist Engels bereits 34 Jahre alt und erfolgreicher Unternehmer. Im Anhang seiner Reisebeschreibung finden sich im Übrigen derart spezielle Archivtexte insbesondere aus Werden, dass ein „normaler Reisender" wohl kaum Zugriff darauf gehabt hätte. Engels berühmter und gern zitierter Text trägt also eine Maske, um nicht als Heimat-Werbebroschüre aufgefasst zu werden.

Glücksfall Bildung

Wie so vieles, das uns heute selbstverständlich erscheint, war auch die Gewährleistung einer schulischen Grundversorgung vor 200 Jahren noch weit entfernt – der Bildungsnotstand rückte allerdings immer stärker ins Bewusstsein; Bildung wurde ein zentrales Thema der Intellektuellen und war in Krummachers Kreisen zeitlebens ein Thema.

„Jeder Gläubige solle die Bibel lesen können" hatte Luther gefordert. In einer reformierten Gemeinde wie Kettwig gab es also früh Bemühungen, die allgemeine Alphabetisierung voranzutreiben, und es gab seit dem 16. Jahrhundert eine Pfarrschule.

Wegen der wachsenden Schülerzahl – über 200 – gab es seit 1738 dann zwei Schulen und Meister, die Pfarrschule und die Dorfschule. Das Gebäude der ersteren steht heute noch, Ruhrstrasse 22 an der Ecke des Hexenbergwegs, und wird als Privathaus bewohnt. Die Kosten der Pfarrschule trug die Kirchengemeinde. Die Dorfschule stand am Meistersweg, auch dieses Gebäude wird heute privat genutzt. Für die Kinder musste von den Eltern Schulgeld bezahlt werden.

Für die Kinder in den ländlichen Honnschaften war der Weg in die Dorfschulen aber zu weit, und so schlossen sich mehrere Eltern zusammen, um einen Lehrer zu bezahlen. So war es für ein Kind also eine Glückssache, ob und in welchem Umfang es Unterricht bekam – und in welcher Qualität. Je mehr Kinder sich nämlich in einer Zwergschule zusammenfassen ließen, desto preiswerter wurde es für die Eltern. Das Gehalt des Schulmeisters war dürftig, dieser war meist noch auf ein Zuverdienst und auf Sachzuwendungen angewiesen. Nicht unbedingt eine attraktive Situation, um optimales Personal zu bekommen. Ob der Lehrer sachkompetent war, sich für die Kinder engagierte und nicht allzu gewalttätig mit ihnen umging, war für die Kinder ein Lotteriespiel. Solche

Das Gebäude der evangelischen Dorfschule am Meisterweg, der seinen Namen vom dort tätigen Schulmeister hat.

Kleine Dorfschulen in den Honnschaften gab es noch bis 1968. Das Bild zeigt die evangelische Schule an der Pierburg im Jahr 1894.

„Heck- und Winkelschulen" gab es z.B. an der Pierburg, in Ickten und in vor der Brücke, sieben waren es in Kettwig insgesamt. Der Unterricht folgte oft dem Rhythmus des Landlebens - im Winter gingen mehr Kinder zur Schule, im Sommer wurden viele Kinder für die Feldarbeit aus der Schule genommen.

Es gab keine Aufsichtsbehörde und keine zentrale Lehrerausbildung, die Lehrer hatten also häufig selber keine ausreichende Ausbildung erhalten. Ein Lehrer unterrichtet zwischen 50 und 140 Kinder, alle in einem Raum, der bei den Hofschulen gewöhnlich auch die Unterkunft des Lehrers darstellte. Die Kinder aller Altersstufen, vom sechsten bis zum dreizehnten Lebensjahr, wurden gleichzeitig unterrichtet.

Krummachers Vorgänger Ferdinand Weerth war die Verbesserung der pädagogischen Qualifizierung eine Herzensangelegenheit gewesen, er hatte eine Art Lehrerseminar gegründet und einzelne Lehrer persönlich gefördert. Zu ihnen gehörte Wilhelm Freiligrath, den er später nach Detmold holte, der Vater des Dichters Ferdinand Freiligrath. Weerth hatte sich auch für die Einrichtung einer „Fabrikschule" für die in den Fabriken arbeitende Jugend eingesetzt – Kinderarbeit war noch eine Selbstverständlichkeit. Sie unterrichtete mittwochs und samstags nachmittags von 17 – 20 Uhr – sechs Wochenstunden, mehr gaben die dafür eingesammelten Spenden nicht her.

1808 führte die französische Verwaltung die Schulpflicht ein und gründete, um diese auch den Katholiken zu ermöglichen, die kath. Schule „Am Schemerstappen" (Am Strang/ Heiligenhauser Straße" mit einem Lehrer mit dem schönen Namen Rathgeber.

Narrenbrüderschaft des Geistes - Das (Kettwiger) literarische Werk

Peter Marx

„Diese tiefen Dichtungen sind nach Inhalt und Form klassisch und überstrahlen die Herderschen." J.W. von Goethe

Krummachers erstes Werk, der Hymnus „Die Liebe", erschien 1801 in Wesel. Krummacher war damals 34 Jahre alt.

Friedrich Adolph Krummacher war neben seinen Tätigkeiten als Schulleiter, Universitätsprofessor, Pfarrer oder Consistorialrat ein produktiver und erfolgreicher Schriftsteller. Sein erstes Werk, den *Hymnus an die Liebe*, veröffentlicht er 1801, mit 34 Jahren. Damals war der frisch promovierte Doktor der Theologie gerade Professor für reformierte Theologie in Duisburg geworden, nach Studien der Theologie und Philosophie in Lingen und Halle, drei Jahren als Gymnasiallehrer in Hamm und sieben Jahren als Schuldirektor in Moers. 1805 legt er mit seiner Schrift „Über den Geist und die Form der Evangelischen Geschichte in historischer und ästhetischer Hinsicht" eine beeindruckende theologisch-philologische Auseinandersetzung mit den Erzählformen der Bibel vor, die seinen breiten Bildungs- und Interessenhorizont dokumentiert und den Bogen spannt von Jesu „Witz und Ironie" über seinen Umgang mit dem weiblichen Geschlecht bis hin zu seiner Erzählweise in Parabeln.

Keine Frage: der neue Pfarrer in Kettwig war kein einfacher Dorfgeistlicher, sondern ein *poeta doctus*, der in beiden Strömen unseres kulturellen Zweistromlandes schwamm wie die Fische in der Ruhr: im hebräisch-christlichen ebenso wie im hellenistisch-römischen. Zudem war er vertraut mit den geistigen Strömungen seiner Gegenwart, jenen Jahrzehnten der Klassik und Romantik vor und nach der Wende ins 19. Jahrhundert, deren Intensität und Kreativität uns bis heute faszinieren.

In der Zeit kurz vor und in Kettwig entsteht ein Großteil jener Werke, die Krummachers literarischen Ruhm begründeten: viele der zwischen 1805 und 1817 veröffentlichten *Parabeln*, das *Christfest* (1810), die *Apologen und Paramythien* (1810), ein Bibelkatechismus (1810) sowie 1811 *„Das Wörtlein Und. Eine Geburtstagsfeier"*.

All dies sind Bücher, die heute fast niemand mehr kennt und die in keinen aktuellen Auflagen erhältlich sind (die letzte Ausgabe der Parabeln erschien immerhin noch 1949).[1] Allein die Tatsache, dass die Parabeln im 19. Jahrhundert ein ausgesprochener Bestseller waren, in zahlreichen Neuauflagen (darunter unlizensierte Raubdrucke) erschienen, von Goethe bewundert[2] und von Königin Luise von Preußen hoch geschätzt wurde, lässt aufhorchen. Offensichtlich trafen sie einen Zeitgeist deutlich über den Tag hinaus. In Thomas Manns Buddenbrooks dann ist das allmähliche Auslaufen der Wirkungsperiode markiert, in dem Mann Krummachers Parabeln der Bibliothek der frömmelnden Sesemi Weichbrodt zuweist, der Lehrerin Tonys und Freundin der Familie.[3]

Goethe, 18 Jahre älter als Krummacher, war der prägende Geist der Epoche. Dieses Portrait des Dresdner Malers Gerhard von Kügelgen entstand 1808/09. Frau von Kügelgen gehörte zu Krummachers Leserinnen und gab ihren Sohn Wilhelm mit 15 Jahren zur Gymnasialausbildung ins Haus der Krummachers nach Bernburg.

Eine Auseinandersetzung mit Krummachers literarischem Schaffen heute könnte sich also darauf beschränken, es als Zeuge einer längst vergangenen Epoche zu lesen, als allenfalls ergänzenden Mosaikstein zum Verständnis der Goethezeit. Das ist unter Umständen nicht wenig, aber ganz befriedigen kann es nicht. Die zweite Fragestellung soll und muss daher lauten: Tragen seine Texte auch heute noch, lohnen sie die Lektüre, bereiten sie Lese-Vergnügen? Die Herausgeber dieses Buches jedenfalls haben sich der Aufgabe, eine kleine, subjektive Auswahl seiner Texte zur Überprüfung dieser Frage zusammenzustellen, mit wachsendem Vergnügen unterzogen.

Der freie Geist der Hermeneutik

Aber zunächst einen Schritt zurück: Ironischerweise kann man in unserem heutigen Bemühen, ein lebendiges Bild von Friedrich Adolph Krummacher zu gewinnen und ihn durch den langen Abstand von 200 Jahren zu verstehen, genau jene hermeneutische Anstrengung zum Verständnis ferner Literaturen und Kulturen wiederfinden, die Krummacher selbst schon 1805 zum Programm erhoben hat; eine *„auf Schrift und Sprache angewandte empirische Anthropologie, welche den Zweck hat, allgemeine und besondere, auf den Gesetzen der menschlichen Seele und psychologischen Principien beruhende Regeln* *aufzustellen, um sich durch deren Befolgung in die Denk- und Empfindungsweise anderer zu versetzen und ihre Gedanken und Empfindungen durch richtige Deutung der Sprachzeichen aufzufassen und darzustellen."* [4]

Die Auseinandersetzung mit der Literatur vergangener Zeiten braucht also für Krummacher eine wissenschaftliche Methode; ihr Ziel ist aber nicht philologische Erbsenzählerei, sondern ein Verständnis des jeweiligen Autoren im Kontext seiner Zeit, ein Hineinversetzen in die „Denk- und Empfindungsweise" anderer Epochen. Dies hat so unvoreingenommen wie möglich zu geschehen, wobei gerade die Beschäftigung mit dem liberalen Geist des klassischen Altertums hilfreich ist, denn durch diesen wird der Forscher und Interpret auf einen freien, *„von keiner vorgeschriebenen kirchlichen Norm beengten Standpunct"* [5] gehoben.

Johann Gottfried Herder (1744-1803)

Diese Art, mit dem Bewusstsein der historischen Distanz und im Bemühen um hermeneutisches Verstehen auf die Sprachen und Literaturen des Altertums (und damit auch die biblischen Texte) zu blicken, war eine ganz junge Errungenschaft. Einer der großen Wegbereiter und erklärtes bewundertes Vorbild Krummachers war der um ein knappes Vierteljahrhundert ältere *Johann Gottfried Herder* (1744-1803). Er war einer der einflussreichsten Schriftsteller und Denker Deutschlands im Zeitalter der Aufklärung und zählt mit Christoph Martin Wieland, Johann Wolfgang Goethe und Friedrich Schiller zum klassischen „Viergestirn" von Weimar. Seine 1772 von der Berliner Akademie preisgekrönte *Abhandlung über den Ursprung der Sprache* eröffnete eine Reihe von Publikationen, mit denen er bahnbrechend für die junge deutsche Literatur- und Sprachwissenschaft werden sollte. Mit der Schrift „*Auch eine Philosophie der Geschichte zur Bildung der Menschheit*" stritt er 1774 gegen die seiner Meinung nach öde und lebensferne zeitgenössische Bildung, sicher eine wichtige Inspiration für den Pädagogen Krummacher. Gleichzeitig eröffnete er einer neuen Geschichtsauffassung den Weg: Geschichte gliedert sich in organisch aufeinander aufbauende Epochen, die ihr jeweiliges Eigenrecht besitzen und nicht mit äußerlichen Maßstäben beurteilt werden dürfen. In seinem Hauptwerk „*Ideen zur Philosophie der Geschichte der Menschheit*" (1784–1791) legte Herder seine Auffassungen über Sprachen, Sitten, Religion und Poesie, über Wesen und Entwicklung der Künste und Wissenschaften, über die Entstehung von Völkern und historischen Vorgängen dar. Vernunft und Freiheit hielt er für Produkte der „natürlichen" ursprünglichen Sprache, Religion für den höchsten Ausdruck menschlicher Humanität. Die unterschiedlichen natürlichen, historischen, sozialen und psychologischen Umstände führen zur vielschichtigen Differenzierung der Völker, die verschieden, aber dennoch gleichwertig sind.

Verweilendes Fortschreiten: Die Parabeln

Krummacher hat sich immer wieder auf Herder berufen, sein Werk ist ohne diesen nicht denkbar. Die tief der christlichen Gedankenwelt verbundene, aber zugleich stets liberale, humane und aufgeklärte Grundhaltung, die Wahl der Stoffe und ganz offenkundig auch die Entscheidung für die Gattung der Parabel verweisen auf den großen Zeitgenossen. Die Parabeln sind reizvollerweise auch als eine Reise zu den „Stimmen und Völkern der Welt" lesbar, führen nach Indien ebenso wie nach Griechenland oder ins Heilige Land.

Was hat Krummacher so gereizt an dieser literarischen Form? Und was hat der Leserschaft daran gefallen? In seiner bereits zitierten Arbeit über die Erzählweisen im Neuen Testament hat er sich ausführlich theoretisch mit der Parabel auseinandergesetzt, wobei er die biblischen Gleichnisgeschichten Jesu eben als Parabeln bezeichnet und von der Gattung der Fabel unterscheidet:

„Die Parabel ist eine durchaus verschiedene Dichtungsart; ihre Form ist episch, oder, wenn man dieses lieber hört, historisch, nämlich hebräisch historisch. Ihr Charakter ist nicht die Präcision und Kürze der Fabel, sondern ein verweilendes Fortschreiten, eine sinnlichbelebende Umständlichkeit und die Einfalt des häuslichen Tons und Lebens. Die Fabel dient, die Parabel hat ein eigenes Leben, das in Freyheit und Einfall sich entwickelt und fortschreitet." [6]

Die Parabelform gab Krummacher also offenbar eine Reihe von Vorteilen, die ihm entgegenkamen: sie ist erzählerisch, entwickelt kleine Geschichten, legt sich nicht allzu sehr auf eine eindeutige Moral und Aussage fest; im Gegensatz zur Fabel, die Krummacher als didaktisch festgesetzte Zweckdichtung begreift, bietet die Parabel ihm die Freiheit, sich erzählerisch zu entwickeln, ein „eigenes Leben" zu entfalten. Dennoch ist sie nie l´art pour l´art, Erzählen um seiner selbst oder der Unterhaltung willen, sondern verweist auf einen jenseits des Erzählten liegenden Sinn. Das griechische Wort Parabel bedeutet das „Nebeneinanderwerfen"; es handelt sich um einen zur selbständigen Erzählung erweiterten Vergleich. Der Vergleichspunkt (die „Moral der Geschichte") wird aber nicht explizit ausgesprochen, sondern muss vom Leser durch Analogieschluss, also kreatives Rezipieren, hergestellt werden. Daraus kann sich eine spannungsreiche Uneindeutigkeit ergeben, was die Gattung in der literarischen Moderne z.B. für Kafka attraktiv gemacht hat („Vor dem Gesetz"). Dabei gibt es durchaus eine Tradition der weltlichen Exempelgeschichte (vgl. Lessings berühmte „Ringparabel" aus Nathan der Weise, aber auch in der Moderne Brechts „Geschichten von Herrn Keuner") wie auch die

Den ersten Band seiner Parabeln widmete Krummacher der preußischen Königin Luise. Luise verbrachte als „Prinzessin Husch" Teile ihrer Kindheit im Schloss Broich nahe Kettwig.

Das Bild zeigt *„Prinzeß Luise und Friederike von Mecklenburg-Strelitz als Kinder im Schatten der uralten Bäume des Schlosses Broich. (1788)"*

Tradition der Parabeldichtung im Dienst religiöser Verkündigung (Buddhismus, Altes Testament, Jesu Gleichnisse im NT).

In der Parabelform konnte Krummacher also verschiedenste Stoffe erzählerisch und auch durchaus spielerisch aufgreifen und seine mehr oder weniger klaren didaktischen Botschaften auf eine die Leser oder Zuhörer unterhaltende und aktiv fordernde Weise vermitteln, ohne den pädagogischen Holzhammer einzusetzen. Als Leserschaft dürfte der Lehrer Krummacher nicht nur, aber ganz besonders auch Kinder im Sinn gehabt haben, die Parabeln wurden über lange Zeit im Schulunterricht zum Einsatz gebracht.

Das obige Zitat macht aber noch mehr deutlich: ein schlichter, einfacher Ton gehörte für Krummacher zum Wesen der Parabel, passend zur „Einfalt des häuslichen Tons und Lebens". Diese Schlichtheit ist ein wesentliches Charakteristikum der Parabeln, aber für uns heutige Leser ist der bisweilen betulich wirkende Tenor der „Einfalt" doch manchmal etwas angestaubt und allzu lieb. Die Häuslichkeit, die Familie bilden den immer wiederkehrenden Personenrahmen: Vater, Mutter, Geschwister, Großeltern, eben die Lebenswelt der jungen Leser oder Zuhörer. Es geht um Rücksichtnahme, Bescheidung, Dankbarkeit, Aufrichtigkeit usw., gleich ob die Geschichten im Morgenland, in der griechischen Antike, im alten Ägypten oder im Hier und Jetzt Krummachers angesiedelt sind. Auch wenn die „Moral von der Geschicht" meist nicht explizit zum Ausdruck gebracht wird, die vermittelten Werte, allem voran die Wertschätzung der Ausrichtung auf Überweltliches und Jenseitiges, des Familiensinns und die Geringschätzung von Geiz und Besitzstreben werden auch dem jungen Publikum problemlos deutlich geworden sein.

Und doch ragt eine ganze Reihe der 192 Parabeln aus diesem Kinder-Predigt-Ton heraus, offenbart Krummachers großes sprachliches und dichterisches Talent, seine Fähigkeit zu ironischem Bruch und zum liebevollen Spott über menschliche Schwächen, die auch dem heutigen Leser nicht fremd sind.

In der Parabel „Die Katze" z.B. unterhalten sich zwei „weise Männer" nach einvernehmlichem Forschergespräch über die Vor- und Nachteile dieses Haustieres und zerstreiten sich heftig darüber. Der vermeintliche Austausch sachlicher Argumente wird in der Schlusspointe als Farce kenntlich gemacht: Der eine hasst die Katzen, weil sie ihm ein Vögelchen geraubt haben, der andere liebt sie, weil sie ihm die Mäuse von seinen ausgestopften Vögeln fernhalten. Das Fazit des Erzählers beschreibt das Urphänomen interessegelenkter Wirklichkeitsbeurteilung, wie sie uns auch heute täglich begegnet: „Also verhält es sich mit den Urtheilen der Leidenschaft und des Eigennutzes".

Auch die Moral der Parabel von dem Kampf der alten Ägypter gegen die Krokodile ist ganz modern: Querdenken und das Übel bei der Ursache packen, nicht am Symptom. Die Lösung ist nämlich nicht der aussichtslose Kampf gegen die Bestien selbst, sondern clevere biologische Schädlingsbekämpfung durch ein kleines Säugetier, das die Eier zerstört. „Wollet ihr ein Uebel vernichten, so greift es im Keim und in der Wurzel an. Dann wird ein kleines Mittel leicht bewirken, was späterhin ein Heer nicht vermag."

Diogenes

Besonders reizvoll sind für den heutigen Leser aber die Parabeln, in denen es Krummacher ganz offenbar überhaupt nicht um eine moralische Orientierung geht. Hier finden sich ausgesprochene Kammerstückchen lakonischen Humors. Etwa in „Die beiden Tonnen", in der Diogenes in seiner Tonne erwacht und einen reichen Jüngling als Möchtegern-Jünger in einer zweiten Tonne neben sich vorfindet. Diogenes wirft seine eigene Tonne ins Meer und fordert seinen jungen Fan auf, ihm sein Erbe zu überschreiben, damit er es an die Armen verteilen könne. Das ist dem Jüngling denn doch etwas zu konsequent, er zieht sich dankend zurück. Die Pointe: Diogenes bezieht die neue Tonne!

Wunderbar ironisch auch die Parabel „Der Apfel". Ein Freund besucht nach langer Zeit einen anderen, der Karriere gemacht hat und einen prachtvollen Palast bewohnt. Er bewundert und preist ihn. Der Gastgeber bewirtet ihn mit einem prächtigen Apfel. Doch als der Gast diesen aufschneidet, findet er einen Wurm darin. Der moralinsüchtige Leser könnte jetzt erwarten, dass die Parabel nun den ganzen Reichtum des Palastbesitzers in Frage stellen würde. Weit gefehlt, sie endet in herrlicher Lakonie: „Da schauete der Fremdling seitwärts zu dem Kämmerer hin. — Der Oberkämmerer aber blickte hernieder zur Erde und seufzte." Man könnte also mit Schiller sagen: Des Lebens ungeteilte Freude ward keinem Irdischen zuteil. Oder, alltagsergeben, mit einem aktuellen Buchtitel: „Irgendwas is immer". Ähnlich ironisch lässt sich „Das Kornfeld" lesen, in der die weise Ansprache des Pfarrers an einen geizigen (Kettwiger?) Bauern an diesem völlig ohne Frucht vorbeigeht.

1814 blickt Krummacher in Bernburg im Vorwort zur vierten Auflage auf seine nun abgeschlossenen drei Bände zurück, entwickelt erneut eine Poetologie der Parabel, deren Form er offenbar besonders wegen ihrer Freiheit geschätzt und der Fabel vorgezogen hat, deren Zweck es sei, *„eine anerkannte Wahrheit oder Maxime in ihrer inneren Nothwendigkeit, gleichsam wie und als ein Naturgesetz, darzustellen"*. Seine Parabeln aber seien *„Blüthen und Früchte schöner und heiliger Stunden, oftmals durch wirkliche Begebenheiten und Ereignisse, die des Verfassers Gemüth in Bewegung setzten, hervorgebracht und veranlasst. Ein Blick auf einen blühenden Rosenstrauch – oder in das Morgen- und Abendroth – auf das häusliche Leben oder in das eigene Herz, irgend eine kleine Freude, der stille Nachgenuß eines in traulicher Freundschaft verlebten Stündchens, ein Spiel mit einem Kinde oder sonst eine ernste und freudige Empfindung und Erfahrung – erzeugten diese Blüthen, oder wenn man will, diese Spiele des inwendigen Menschen."*

Apologen und Paramythien.

Hatte Krummacher die ersten beiden Bände seiner Parabeln schon in seiner Duisburger Zeit veröffentlicht, so dürften die „Apologen und Paramythien" ganz in Kettwig entstanden sein. Ein seltsamer Titel, vor dem ihn offenbar schon sein Verleger Baedeker gewarnt hat: *„Die Verlagshandlung meinte, der Titel würde für viele unverständlich seyn"*, schreibt er im Vorwort, und spielt und kokettiert dabei lustvoll mit dieser Unverständlichkeit. Doch die Auflösung ist im Grunde ganz einfach: Apologen sind Fabeln, und Paramythien (ein Begriff Herders) solche, die von Göttern handeln. Uns begegnen also Tiere und Pflanzen, die reden können und menschliche Charaktere repräsentieren, und Figuren der griechischen Sagenwelt. Sprachlich ist das oft sehr schön, besonders, wenn man es laut liest. Im eigentlichen „Witz", der intellektuellen Aussage oder poetischen Idee aber, bleiben viele der Fabeln doch deutlich hinter den berühmten Gattungsbeispielen eines Lafontaine oder Äsop zurück. Wenn man aber nicht den Anspruch hat, dieser Lyrik stundenlang nachzusinnen, kann die Lektüre der Apologen richtig Spaß machen, so wie in diesem Beispiel, in dem sich „kränzen" auf das Glänzen von Glühwürmchenschwänzen reimt, was schon fast morgensternsch anmutet:

Der Schmetterling und das Johanniswürmchen.

> *Aus einem Blumenkelch sah einst mit Ruh*
> *Ein Schmetterling den luft'gen Tänzen*
> *Von einem Schwarm Johanniswürmchen zu.*
>
> *So solltet ihr bei Hellem Tage glänzen,*
> *Begann der Schmetterling, fürwahr,*
> *Dann würd' euch lauter Beifall kränzen!*
> *O nein, antwortete vergnügt der Tänzer Schaar,*
> *Muß nicht der Sonne hohem Glanz und Pracht*

Sogar das Heer der Himmelslichter weichen?
So würd' auch unser Licht vor ihrem Licht erbleichen.
Drum tanzen wir bei Sternenschein und Nacht!

So sprach der Schwarm, und strebte mit den Schwänzen
Stets glänzender zu glänzen. —

Der Demuth und Bescheidenheit
Gewand ist oft des Dünkels Feierkleid.

Liest man die vielen Fabeln, in denen Blumen und Bäume eine Rolle spielen, und die naturmystischen Betrachtungen des Vorworts (das wie die Fabeln selbst auf jeden ausdrücklich christlichen Bezug verzichtet), kann man sich vorstellen, wie diese Werke durch den geliebten Kettwiger Garten des „Ätti" oder seine zahlreichen Wanderungen durch die Natur der Umgebung inspiriert worden sind. Pflanzen und Tiere, die er genauestens beobachtet, sind nie nur naturwissenschaftliches Objekt, sind nie nur Natur. Es ist ein Grundcharakteristikum des Krummacherschen Weltbildes, das alles Sein immer auf etwas Geistiges, Transzendentes verweist. Mit Herder sieht er in der Schöpfung ein „moralisches Gesetz" walten, und in der Fabel zeigen die handelnden Naturwesen die innere Notwendigkeit dieses Gesetzes auf. Uns heutigen ist der Anblick einer Lerche in den Ruhrauen ein erfreulicher Beleg für noch oder wieder vorhandene Biodiversität; für Friedrich Adolph Krummacher war sie in ihrem jauchzenden Himmelsaufschwung ein Sinnbild des über irdische Belange hinausstrebenden Menschen. Es ist ein fruchtbares Lektüre-Experiment, Krummachers Kettwiger Werke einmal mit Aufmerksamkeit auf diese Naturwahrnehmung zu lesen und mit unserer heutigen Sichtweise zu vergleichen.

Das Festbüchlein: Sonntagsidylle im bunten Kreis des Dörfleins

KETTWIG-RUHR

Haben wir es bei den Apologen und Paramythien gewissermaßen mit reiner Literatur zu tun, hat das nächste Werk ein klares didaktisches Programm: Mit seinem „Festbüchlein" will der Pfarrer die Wertschätzung der Menschen für ihre Feiertage steigern, die offenbar keine Selbstverständlichkeit war. Der Ansatz jedenfalls klingt aktuell, denken wir an unsere Diskussion um den Schutz des Sonntags vor den Bestrebungen einer enthemmten Konsumwelt. Auch das Pestalozzi-Zitat, das Krummacher seinem ersten Band, „Der Sonntag" voranstellt, ließe sich im entsprechenden Diskurs ohne weiteres anbringen: „Tief sinket das Volk, wenn es keine Fest- und Freuden-Tage mehr hat."

„Der Sonntag", erschienen kurz vor Krummachers Ankunft in Kettwig 1807, erzählt den Ablauf eines sonnigen Junisonntags einer Meierfamilie; ein Meier betrieb für den Gutsherrn den Guts- oder Fronhof und war ein freier, in der Regel bessergestellter Bauer. Wir befinden uns also auf dem Lande, was der Autor sehr schön damit begründet, dass *„man hier das Licht, die Luft und das Brod aus erster Hand"* empfange. Das ganze Setting, inklusive dem „Kirchlein auf dem Berge" lässt sich übrigens sehr schön als Kettwiger Szenerie lesen, auch wenn das natürlich nicht explizit gesagt wird.

Die Familie besteht aus Vater und Mutter, dem kleinen Sohn Wilhelm, der Tochter Hannchen und dem Kleinkind Conrad; zur Hausgemeinschaft gehört außerdem der musikalisch und künstlerisch begabte alte Hausknecht Paul. In wechselnden Situationen und Gesprächsformen, mal als Dialog zwischen Vater und Sohn, mal im gemeinsamen Gespräch, durchleben sie den Tag und erörtern dabei, was den Sonntag ausmacht: die Arbeit ruht, man zieht schöne Kleider an, erfreut sich bei Spaziergängen an der Natur, lauscht natürlich beim Kirchgang der Predigt des Pfarrers und genießt das familiäre Beisammensein. Immer wieder stimmt einer der Protagonisten ein

Lied an, der Text wird also immer wieder von Lyrik unterbrochen. Krummacher hat diese Gedichte tatsächlich als Liedtexte gedacht, zum Teil hatte er beim Schreiben schon bekannte Melodien im Sinn. Der Leipziger Gitarrist und Komponist August Harder, von dem die bekannte Melodie zu Paul Gerhardts „Geh aus, mein Herz, und suche Freud" stammt, vertonte diese Texte kurz nach Erscheinen des „Sonntags". Diese Lieder erschienen in zwei Bänden ebenfalls bei Baedeker, und es gehörte zu Krummachers glücklichsten Momenten, diese im Kreis seiner Lieben zu singen. Harder starb nur drei Jahre nach der Drucklegung seiner Krummacher-Vertonungen 1813 mit 38 Jahren. Einige seiner Vertonungen finden sich im Anhang.

Eine interessante Episode des „Sonntags" nimmt die Erfahrung von Bedrohung, Chaos und Belastung der Franzosenzeit auf. Wilhelm fragt seinen Vater, was das Wort „Renovatum" in der Kirche bedeute, worauf der Vater von der Nutzung und dem Missbrauch der Kirche durch „feindliche Heere" erzählt, von dem Ende dieser Besatzung und von der großen symbolischen Bedeutung, die die Wiedereinweihung der renovierten Kirche für die Dorfbewohner hat. Auch wenn hier wohl eher allgemeine Zeiterfahrung als die konkrete Kettwiger Situation den Hintergrund bildet, kann man sich sowohl bei der Erzählung als auch beim Lied „Das Kirchlein" gut vorstellen, dass Krummacher hier die Kettwiger Pfarrkirche vor Augen hatte, wenn auch idealisiert:

O sehet doch, wie fein und hold
Dort unser Kirchlein strahlet,
Rings von der Abendsonne Gold
Umflossen und bemahlet!
Wie ists so still und, leis' umher!
Nein, solch ein Kirchlein gibts nicht mehr.

Es prangt im Grünen hell und weiß,
Und schauet frisch und munter
Auf unsers Dörfleins bunten Kreis,
Und dann ins Thal hinunter.
Man siehts ihm an, wie es sich freut
In seiner Zierd' und Reinlichkeit.

Kettwig 1812. Kupferstich von E. Thelot

Krummacher-Lektüre ist eine Zeitreise in eine längst untergegangene Welt, eine Welt, die zweifellos von großer Beengung und Beschränkung gekennzeichnet war und mit deren Lebensumständen wir heutigen wohl kaum würden tauschen wollen. Aber Ambivalenzen prägen die Vergangenheit wie die Gegenwart, und wer sich etwa fragt, ob der Malus des Verkehrs- und Fluglärms ewig zu Kettwig gehören wird, dem können die Schlusssätze des „Sonntags" eine ersehnenswerte Utopie formulieren:

Unterdeß war die Sonne untergegangen. Der Abendstern glänzte am Himmel. Die Dämmerung lag auf den Hügeln und Thälern. Es war so stille, wie in einem Kämmerlein. Man hörte das Murmeln eines Wasserfalls von ferne. Die Gesellschaft saß schweigend und hörte. Da erscholl die Abendglocke aus dem Dorf. Der Meier erhob sich und ging in seine Wohnung. Ihm folgten die andern.

1810 und 1819 veröffentlicht Krummacher ebenfalls bei Baedeker in Essen zwei weitere Bände des „Festbüchleins", in der die Familie des Meiers das Christ- und das Neujahrsfest begeht. Sie folgen demselben Muster aus Erzählung, Glaubensvermittlung und eingeschobenen Liedern. Zu den Lesern gehörte kein geringerer als Franz Schubert, der das weihnachtliche Gedicht „Die Stille" für vier Männerstimmen vertonte.

Ein weiteres Werk der Kettwiger Jahre, der „Bibelkatechismus" war Krummacher selbst nur eine lästige Auftragsarbeit.

Ich oder vielmehr Baedeker druckt jetzt an einem Bibelkatechismus von mir, für die niedern Schulen, eine Einleitung in's Bibellesen, ich wollte aber, ich hätte die Sache nicht angefangen, denn ich treibe sie nicht recht con amore und glaube nicht, daß es gerathen ist.[8]

Eine echte Liebhaberei und damit Herzensangelegenheit hingegen ist das 1811 erschienene Werk mit dem ebenso seltsamen wie neugierig machenden Titel

Das Wörtlein Und. Eine Geburtstagsfeier.

"Ich freue mich, dass Ihnen das "Wörtchen Und" Freude und ein Lachen bereitet hat. Es wurde wahrlich zunächst nur geschrieben, um einem alten Zeitungssetzer, dem Napoleon die Zeitung nahm, Beschäftigung zu geben. So entstand es stück- und ruckweise, wie eine Zeitung. Aber die Deutschen sind größtenteils zu affektiert = ernsthaft, um so etwas goutieren zu können. Ich sehe keine Sünde darin, wenn ein Mensch, dem neben dem roten Faden noch ein solcher gelber in sein Wesen gelegt ist, diesen nicht auch zuweilen sollte hervortreten lassen. Solch ein Mensch bin ich immer gewesen und bleibe es."

Aus diesen Zeilen, die Krummacher am 31.5.1818 an Frau von Kügelgen in Dresden schrieb, geht hervor, dass dem Werk, das die Mutter von Wilhelm von Kügelgen mit *Freude und Lachen* las, auf dem Buchmarkt wohl kein großer Erfolg beschieden war. Offenbar erwartete man vom Verfasser der Parabeln eine bestimme Form erbaulicher Literatur und konnte mit dem schrägen, in Passagen an Jean Paul erinnernden Humor des „Wörtlein Und" nichts anfangen. So gehört Krummachers originellstes Buch, in dem er seinem Witz und seiner umfassenden Bildung gleichermaßen freien Lauf lässt, zu seinen am gründlichsten vergessenen Werken – und zu den spannendsten Wiederentdeckungen.

„Das Wörtlein Und" erschien 1811.

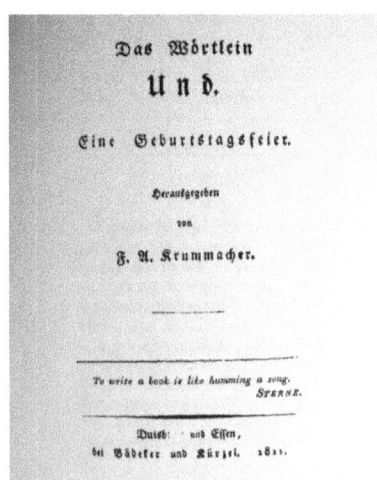

Worum geht es? Ein Freundeskreis feiert den 65. Geburtstag Bernhards, eines Mitgliedes ihrer „Brüderschaft der Narren". Sie repräsentieren die bürgerliche Schicht; der Schulrektor ist dabei, der Apotheker, der Pfarrer, der Forstrat, der Jubilar selbst als Gastgeber, dazu deren Frauen. Krummacher selbst hat solche Freundeskreise gepflegt und geliebt, und insbesondere der Duisburger Kreis, in dem es darum ging, sich im geselligen Beisammensein und bei gutem Wein über ein Thema in freier Assoziation und gebildeter Rede an Geist gegenseitig zu überbieten, ist unschwer als Hintergrund zu sehen.

Zu den Regeln der Narrenbrüderschaft gehört es also, sich über ein vom jeweiligen Gastgeber gesetztes Thema zu unterhalten, und

Bernhard setzt eben jenes Wörtlein „Und" als Gegenstand des Diskurses fest. Eine harte Nuss, könnte man meinen. Doch die Gesellschaft nimmt ohne Zögern die Herausforderung an und entwickelt ein wahres Feuerwerk des Geistes. Ganz im Herderschen Sinne wird die unterschiedliche Verwendung der Konjunktion im Griechischen, Lateinischen und Hebräischen sowie in den lebenden europäischen Sprachen erörtert und dies in Beziehung zu den jeweiligen Weltbildern und Völkercharakteristika gesetzt. Von der grammatikalischen Funktion wird abstrahiert auf die tiefer gehende Bedeutung des Verbindens und Zusammendenkens im Gegensatz zum rationalistisch-trennenden „aber". Es wird über Etymologie, Namensgebung, Lebensweisheit, Liebe und Religion philosophiert, es werden Geschichten erzählt, deren Lakonie und Witz den Leser wünschen lassen, Krummacher hätte sein poetisches Talent ganz auf dieses Pferd gesetzt. Dazwischen geht es durchaus ernst zu; die Form des Gesprächs gibt dem Kettwiger Dichterpfarrer die Gelegenheit, seine vielseitigen Interessensgebiete vorzuführen und mal aus der Perspektive des humorigen Forstrats, mal als sprachwissenschaftlich versierter Rektor oder auch als von der Luthersprache faszinierter Pfarrer zu sprechen. Aber auch Shakespeare-Interpretationen, Kommentare zu Goethe, Wieland oder Klopstock und immer wieder Zitate aus der von Krummacher sehr geschätzten jüngeren britischen Literatur fallen den „Narren" bei der Reflexion rund um die unscheinbare Konjunktion ein – ein Panoptikum der geistigen Strömungen der Gegenwart am Anfang des 19. Jahrhunderts und ein grandioses, geistreiches Glasperlenspiel.

Krummachers Kettwiger Jahre zählen literarisch zu seinen produktivsten. Die Enge und Beschränktheit des dörflichen Lebens ließen ihm offenkundig genügend Zeit, seine schriftstellerische Laufbahn weiter zu verfolgen – dies wurde ab 1812 in Bernburg mit den dort wartenden Pflichten als Generalsuperintendent dann immer schwieriger. Uns heutigen ermöglichen die Werke und Briefe Krummachers spannende Einblicke in eine weitgespannte geistige Welt vor 200 Jahren, wie sie trotz oder zum Teil auch wegen der vielfältigen Beschränkungen in einem Dorf wie Kettwig möglich war.

„Unser Großvater, der Ätti" - Krummacher als Freund und Vater

Julia Husmann

....doch musste man ihn des Abends mit Weib und Kindern sehen, um den Dichter, ja weit mehr in ihm zu finden, als man auch nach seinen besten Schriften erwarten konnte."

Nirgendwo sonst ist die Person Krummachers uns so lebendig und liebevoll beschrieben worden wie in Wilhelm von Kügelgens „Jugenderinnerungen eines alten Mannes". Als Fünfzehnjähriger verbringt der spätere Historienmaler Kügelgen, der mit seinen „Jugenderinnerungen" einen Bestseller schuf, einige Monate im Hause Krummacher. Dass er den dortigen Hausherrn schon nach weniger Zeit nicht mehr respektvoll „Herr Doktor", sondern „Ätti" nennt, was nichts anderes als „Vater" bedeutet, zeigt die große Zuneigung, die Kügelgen zu Krummacher hatte. Diesen Kosenamen, den Kügelgen ,wohl mit einer Referenz an Krummachers Selbstverständnis als Dichter, alemannischen Gedichten entnommen hat, übernehmen schließlich Familie und Freunde, so dass auch Krummachers Enkelin Maria ihr literarisches Charakterbild über den Großvater unter dem Titel „Unser Großvater, der Ätti" zeichnete. Versucht man dem nachzugehen, wie Krummacher sich Familie und Freunden in Briefen öffnete und wie jene ihn wiederum in ihren Schriften beschreiben, eröffnen sich einem gleich drei reizvolle Blickwinkel: einerseits auf die sympathische und für die Seinen unermüdlich engagierte Persönlichkeit hinter dem Theologen, andererseits ein Blick in ein soziales Miteinander von Freunden und Familie am Anfang des 19.Jh.s und letztlich auf das Talent eines humorvollen und mitteilungsfreudigen Briefeschreibers.

Tafel zur Erinnerung an Wilhelm von Kügelgens Jahre bei Krummachers in Bernburg 1817-1818, Krummacherhaus Bernburg.

Eleonore und Friedrich
Adolph Krummacher

Der Briefeschreiber

In einem Brief aus Kettwig an seine Schwägerin Friederike Möller wird deutlich, dass das Briefeschreiben für Krummacher ein besonderer Ausdruck von Hinwendung war:

„...*eigentlich ist doch ein Brief so ein ruhiges stilles Sitzen vor jemand, den man lieb hat. (...) Liebe Frieda, glaube doch nur, dass ich mich freue, so vor Dir zu sitzen und im Geiste Dich zu sehen, Deine Hand zu fassen und Dir in die Augen zu blicken; aber das lässt sich doch so nicht sagen und auch nicht schreiben, und so glaube denn, dass ein Brief noch mehr ist als ein Brief – nämlich ich wäre nun wieder so bei Euch, wie jetzt dieses Blättchen – ja jetzt – denn es wird ja zu Euch kommen – Du wirst es ja in der Hand haben, Möller wird es in die Hand nehmen – so gewiss als ich hier auf meinem grünen Gartenstuhl vor Plessings Tisch sitze und dies Blättchen vor mir liegt. Dein Auge wird darauf schauen, Dein Geist leibhaftig bei uns sein! Ach was sind doch für zarte und wundersame Bande, welche die Menschenherzen verbinden!.*" KETTWIG, 15.OKTOBER 1810

In diesem Sinne gibt es etliche Briefe von Krummacher voll „*wunderlichem Zeug*" und „*Kreuz- und Quersprüngen*"[1] an vor allem seinen Schwager und seine Schwägerin Möller und später an seine Kinder und Schwiegerkinder. Manches Brieflein geht dabei auch an die kleinen Enkel:

„*Ich wollte, lieber Adolf, Du könntest fliegen und kämest zu uns wie eine Lerche. Wir wollten Dich recht hegen und lieb haben. Ich habe mich ordentlich erschreckt, daß Du vorne sitzest auf der ersten Bank und bekommst immer Nummer 1. Denn ich bin bange, Du bist zu fleißig, und wenn man zu fleißig ist, das ist ungesund. Dein Vater und Großvater sind auch nicht fleißig gewesen. Ich will Dir, lieber Adolf, gern ein Liedchen machen, schreibe Du mir nur, was in dem Liedchen stehen soll und ob Ihr es singen wollt. Da will ich eins machen für kleine Mäulchen. Großmutter möchte auch gern einmal zu Euch kommen und Euch sehen und küssen, Ihr kleinen Spielvögel. Scha-*

de, daß wir das Liedchen an Vaters Geburtstag nicht hören konnten, es ist aber zu weit, die Töne sind wohl unterwegs erfroren oder vom Winde verweht. Ich wollte, ich könnte einmal mitsingen und spielen. Großmutter und Ohm Doktor lassen schön grüßen. Danke auch für das schöne Vergißmeinnicht, das Du gemalt hast. Ich küsse Dich und behalte Dich lieb. Behalte auch lieb Deinen Großvater." BREMEN, FEBRUAR 1831.

Mangels Telefon bedurfte es auch mal bei besonderen politischen Entwicklungen zur Franzosenzeit oder auch beruflichen Veränderungen dreier Briefe in einem Monat, wie beispielsweise im Juni 1806 jeweils an das Ehepaar Möller. Das briefliche Mitteilungsbedürfnis erklärt auch der Mangel an Mobilität, die heute so selbstverständlich geworden ist. Das Reisen auf Rädern war nicht nur beschwerlich, sondern kostete auch Geld. *„Warum haben wir doch keine Equipage oder große Kapitalien?"* [2], klagte Krummacher seiner entfernten Tochter gegenüber. Für die heute innerhalb des Ruhrgebiets mit Bahn und Auto geringfügige Distanz zwischen Duisburg und Essen brauchte man damals vier Stunden. Dieser Reiseweg war für häufigere Besuche der Freunde zu lang. *„Wenn Essen nur zwei und nicht vier Stunden entfernt wäre, so ging ich alle Mittwoch und Sonnabend hinaus und erheiterte ihm* (d. i. Geheimrat Engels) *sein Leben durch allerhand Hanswurstereien und brummte mir selbst unterwegs mein Pensum."* [3] Doch mit diesen gelegentlichen „Hanswurstereien" konnte Krummacher auch seine Briefe spicken…

Ehepaar Krummacher - Scherenschnitt von Mathilde Krummacher (1825-1898)

Zeigt uns ein Scherenschnitt die Abbildung des Ehepaares Krummacher nebst einem Vogel im Käfig, so gewinnt ein solcher in einem Brief an Bedeutung, in dem Krummacher der freundschaftlich gesonnenen Schenkerin artig zu danken weiß: *"Meine liebe Pflegerin! Ich bin ganz wohl in meiner neuen Heimat angekommen und habe es recht gut. Mein neuer Pfleger kennt, wenn er an seinem Schreibtisch sitzt und schreibt, alles in der Welt, auch die Sprache der Tiere, und weiß, wenn er zu mir heraufguckt, auch was ich denke, und kann es für mich aufs Papier setzen. Ach, ich habe eine recht weite, weite Reise gemacht und wollte anfangs lieber bei Dir bleiben – da hatte ich es so gut. Darum, als ich fort musste, zerstieß ich mir das Köpfchen, und das tat weh. Aber ich sah bald ein, dass es nichts helfen konnte, und wenn Ihr Menschen so von einer Hand in die andere vertauschet werdet, so dachte ich, dass auch wir Tiere nichts dagegen haben könnten, und habe gestern morgen auch schon mein Te Deum gesungen. Um 3Uhr kam ich in Duisburg an. Das war ein Leben, als wenn ein Prinz angekommen wäre! Sie beguckten mich alle und waren betrübt, dass ich mir die Federn vom Kopf abgestossen hatte, aber das tut nichts, mein neuer Hausherr hat auch so ein kahl Glätzchen, und das sieht sehr gelehrt aus. Auch hatte ich es gern, dass sie ein wenig um mich besorgt waren; ich wurde nun schon dreister und konnte alles schön beobachten. Die liebe Hausfrau, die mich auch recht freundlich ansah, sprach von einer bösen Katze, die schon viel Fleisch aus der Küche gemaust habe, und da pochte mir das Herz. Nun soll ich in einen anderen Käfig. Das war ein Gelaufe um Käfige, als wenn man einen Löwen hätte einsperren wol-*

len. Mein Herr hat allerlei Gedanken von goldenen und gefärbten Vogelkörben im Kopf und kann gar nicht zur Ruhe und zur Arbeit kommen – das merkte ich ihm wohl an. Er kaute so an seiner Feder und schrieb und strich es wieder aus und sah mich dann an. Ich tat aber, als ob ich schliefe. Da musste ich fast lachen, denn er verbiss sich den Husten, um mich nicht aufzuwecken, und machte ganz leise die Türe auf, um sich draußen die Nase zu putzen – da musste er doch selbst ein bisschen schmunzeln, so ernsthaft, wie er auch sonst aussieht. Ja, er sieht aus wie ein Buch und hat auch eine Menge Lavaterbücher um sich, aber ohne Gesichter, die macht er selbst dazu, kraus und bunt durcheinander. Das wird wohl bei den gelehrten Leuten so sein müssen, aber so viel habe ich trotz aller Gelahrtheit doch schon bei ihm gemerkt, er hat seine Kindereien so gut wie meine vorige Herrschaft. Wenn ich erst ein wenig gebildeter bin, will ich Dir einiges davon schreiben. Nun sei zufrieden, denn es geht mir wohl hier und ich bin und bleibe Dein Vögelchen." DUISBURG, 1800 AN CHRISTIANE ENGELS

Es wundert nicht, dass Krummachers Bonmots des Dankes erhalten sind. So schreibt er an Christiane Engels für eine von ihr bestickte und geschenkte Flötentasche: *"Voltaires Freude konnte sicher nicht größer gewesen sein, da er zum ersten Mal das nicht sehr schöne Futteral seines petillierenden Geistes in den ihm von Katharina der Großen übersandten Zobelpels hüllte, als die Freude des designierten Professors war, da ihm sein bisher so sansculottisches Flötenspiel zum erstenmal aufgeputzt wie ein Pariser Abbé erschien, mit den Insignien der Weisheit geschmückt."* DUISBURG, 1800 AN CHRISTIANE ENGELS

An seinen Schwiegervater ein Dankeschön für eine von diesem geschickte Weste mit selbst gedichteten Versen dabei: *"Die heilige Reliquie ist glücklich in den Hafen eingelaufen; es war mir, als ob ich einen Rockzipfel von dem heiligen Antonius von Padua vor mir sähe, und ich wurde von Ehrfurcht angefüllt bis an den Hals. Noch liegt es da, dieses ehrwürdige Urim und Thummin, dieser Saum vom Gewande Arons, dieser Gardinentrümmer aus Salomons Tempel. Und dazu die donnernden, rasselnden, krachenden Trochäer und Spondäer!"*
MOERS, 1795 AN ARNOLD MÖLLER

Freunde und Freundschaft

Krummacher erwähnte seinen Söhnen gegenüber *„oft und gern"* die *„schönen Stunden"*, die er mit seinen Freunden in Moers in seinem Gärtchen unter einer Platane sitzend verbracht hatte. Die *„Kollegen und Hausfreunde"* sind es auch, die in der Erinnerung Friedrich Wilhelm Krummachers in der Duisburger Zeit über ihre Umgebung *„den hellsten Sonnenschein der Heiterkeit und Freude ausbreiten"* [4]. Man zitierte und rezitierte Klopstock, Goethe, Shakespeare, Claudius, Gleim und aus römischen und griechischen Klassikern. Das Gelesene war so umfassend und breitgefächert, dass es unter den Freunden eine Art Spiel war, möglichst schlagfertig Zitate aufeinander und auf Alltagsbegebenheiten zu beziehen und miteinander zu verweben. Noch leichter ging das natürlich bei einem Gläschen Wein: *„...Der Oheim kam mit ihr* [d.i. Christiane Engels] *und Natorp und Degen, und wir feierten einen fröhlichen Tag. Abends hatte uns Plessing bei Burgunderwein auf seiner Stube versammelt; es war allerliebst."* DUISBURG, 6.AUGUST 1805 AN A.W.P. MÖLLER

Ein Glas Wein ist es auch, das Krummachers Meinungsverschiedenheit mit Friedrich Plessing schlichtet: *„Mit diesem kam ich hier in eine heftige Debatte.(...) Carstanjen holte, um die Acrimonia zu lindern, ganz alten Wein herbei – und das half denn auch. Gestern hat er es Grimm erzählt, wir wären so heftig aneinander gewesen; im Grunde genommen war ich gar nicht heftig, nur Plessing verschob Schulterblätter und das Mundwerk."* DUISBURG, 20.OKTOBER 1805 AN MÖLLER

Dieser besagte Plessing, mit dem Krummacher hier in einer Diskussion aneinander gerät, war Philosoph und lehrte an der Universität Duisburg, war also ein Kollege Krummachers. Friedrich Plessing (1749-1806) war umfassend gebildet, unter anderem ein Schüler Kants, ein Skeptiker, Schwärmer und Melancholiker. In Goethes „Werther" fand er sich in seinem Weltschmerz so sehr verstanden, dass er einen Brief an Goethe richtete. Goethes Reaktion, sich dem jungen Verehrer aus Neugier incognito als Landschaftsmaler aus Gotha zu nähern und ihn letztlich in einer Passage in „Harzreise im Winter" zu verewigen, ist Literaturgeschichte. *„Der philosophische Sonderling kommt oft zu uns, und er ist der einzige, mit dem man einmal närrisch sein kann."* [5], schreibt Krummacher über ihn und zeigt ein nicht ungetrübtes freundschaftliches Verhältnis in ganzer Ehrlichkeit.

So war der Freund oft die Zielscheibe von Neckereien: *„Einmal bin ich bei dem schönen Frostwetter, das aber bald wieder sich verlor, in Essen gewesen. Ich ging am Freitag, und als wir Sonnabend bei Engels alle gemütlich beisammen saßen, Natorp war auch da, hörten wir unten ein Kapitulieren und Flehen, wir wussten nicht, wer da sein mochte. Mein Emil ging an die Treppe und rief zurück. Plessing, Ohm Plessing! (...) Er sah aber auch wahrlich aus wie ein verlaufender alter Student oder abgetriebener Philister, hatte den groben Flausch an und die hundertjährige weiße zottige Weste, Wäsche a l'ordinaire; ungepudert, beschwitzt, wie ein bespickter Hase (...) Ich konnte nicht anders, als alle seine Bemerkungen mit Kommentaren zu begleiten, und es wurde tüchtig gelacht (...) Am Sonntag waren wir zu Bölling eingeladen. Engels wollte es abschlagen: 'Der Mann ist nicht danach gekleidet' sagte er zu mir. 'Ach', sagte Christiane, 'was wird man denn bei einem alten respektablen Professor darauf sehen, das ist etwas Genialisches!' - und er ging mit. 'Ich sehe aber auch verteufelt aus', sagte er zu mir. 'Ja', antwortete ich, 'das tun Sie auch – recht schuftig, als ob Sie ein alter Filz wären. Eroberungen werden Sie nicht machen.' Das nahm er alles ganz artig auf (...) Die Reise hat mir viel Spaß gemacht, und es war mir fast unmöglich, nicht mit und über Plessing zu spaßen.."* DUISBURG, 1.DEZEMBER 1805 AN A.W.P. MÖLLER

Nach Plessings Tod zeigt sich noch einmal Krummachers Bestreben, diesem so ganz anderen Menschen ein guter Freund gewesen zu sein, wenn dies nach ehrlichem Eingeständnis auch wohl nicht immer möglich war.

„Sein Leben war gewiss recht das eines Unglücklichen, um so trauriger, da er seinen Kummer und seine Sorgen so in sich verschloss. Wie

konnten seine Freunde anders, als zuweilen ungerecht gegen ihn sein? Es ist mir ein trauriges Bewusstsein, ihm nicht mehr Freude gemacht, ja selbst zuweilen auch die letzte Zeit ihn betrübt zu haben." schreibt Krummacher im März 1806 aus Duisburg an seinen Schwager. In einer theologischen Quartalschrift setzt Krummacher dem verstorbenen Freund unter dem Titel „Memorie" ein würdiges Denkmal. „Würdig" in dem Sinn, dass Krummacher ein so ganzes anderes Weltbild zu respektieren weiß, ohne dem Menschen, der es hat, die Zuneigung zu entziehen:

"...und diese Idee begeisterte ihn mehr, als man es einer historischen Hypothese zutrauen sollte. Aber sie war auch mehr für ihn, sie war mit seinem Wesen und Charakter, mit seiner Phantasie verschwistert. Noch ist mir gar sehr innerlich, wie er einstmals bei der Rückkehr aus einer fröhlichen Gesellschaft in mitternächtiger Stunde voll Begeisterung von seiner Lieblingsidee und seinem geliebten Lande redete und mich, den Widerstrebenden, gern mit hinübergeführt hätte – und als es ihm nicht gelang, mit herzlicher Umarmung von mir schied. Ach! Es lag so so viel Schönes und Liebevolles in seiner Seele, wenn sie sich ganz hingeben durfte."

Trägt verständnisvolle Toleranz auch gelegentlich den kleinen Vorwurf der Oberflächlichkeit in sich, so verliert der sich angesichts Krummachers Fähigkeit der Anteilnahme. Rührend ist vor allem im Hinblick auf die Erwähnung Kettwigs die Sorge um das Wohlbefinden der Schwägerin Friederike. Diese war oft kränkelnd, aber schien sich bei ihren Verwandten in Kettwig jedes Mal zu erholen:

"Ist nicht Kettwig dein Bethesda, wo dir der Engel der Genesung so gern erscheint? Er wandelt wie alle heiligen Engel gern im Stillen. Auch dein Verweilen im Kettwiger Lande macht es mir lieb. Ich bin und bleib mit herzlicher Liebe, liebe Frieda, Dein alter getreuer K." DUISBURG, 24. SEPTEMBER 1807, sowie: „*Hoffentlich findet Friederike in Kettwig mit dem Frühlinge ihre Genesung und Ruhe wieder..*" BERNBURG, 28. FEBRUAR 1818 AN A.W.P. MÖLLER, oder die bereits an anderer Stelle zitierten Briefzeilen, in denen Krummacher resümiert, wie gut

der Schwägerin doch das „*Stilleben*" in Kettwig entgegen dem „*Duisburger Gezerr*" bekomme.⁷

Auch das Wohl des Schwagers liegt dem Wortgewandten am Herzen und er weiß ihn sanft zu erziehen: „*Dass Du über zu viel Arbeit klagst, ist Deine eigene Schuld – Du nimmst das Ding zu genau und zu exakt. Das war immer Dein Fehler! Arbeitetest Du nicht Deine Kollegia ad unguem aus, während unsereiner darüber hinging wie über ein gebosselt Brett? Was ist's denn mit dem Zeug? Ist auch hie und da eine Runzel und Warze – ist nicht alles in der Welt mit Runzeln und Warzen besetzt, sobald man es durch ein Mikroskop betrachtet? Vor allem wollte ich, Du predigst bald nach einem Schema – ich lasse mich rädern und köpfen, wenn es Dir nicht prächtig gelingt; nur sollst Du während der Predigt Deinen Trauring an die Finger stecken, der Dir sage: Eile mit Weile.*" DUISBURG, 29.JUNI 1806 AN A.W.P. MÖLLER

Mit der nötigen kleinen, charmanten Selbstkritik ist aber auch mal die „Funkstille" im Miteinander entschuldigt: „*Meine liebe Frieda! Ach! - mit diesem Wörtlein, das so oft in dem Odem der Menschenbrust und aus ihrer Tiefe schwebet, beginne ich meinen Brief, denn siehe! Ich habe Dein Zürnen vernommen und lauter Ach und Krach war es auch, was mich zurückhielt von dem Besuch in Kettwig in dem freundlichen Hause.(...) aber mir war zu Mute wie einem jungen Bären, der mit vielfacher Anstrengung einen Honigbaum erklettern wollte und immer wieder zur Erde fiel.*" DUISBURG, SEPTEMBER 1807 AN FRIEDERIKE MÖLLER.

Wenn es dann doch den Anschein hatte, der „Bär" könne einmal ordentlich brummen, bekam auch die schlechte Laune im Miteinander ihren Platz zugewiesen:

„*Meine Brummerei, liebe Friederike, ist doch ganz bösartig nicht, und ich denke, zuweilen brummen, zuweilen fröhlich sein, das ist lustig. Ein Bärenbrummen darf's freilich nicht sein, sondern wie der Prophet Jesaias im 11.Vers des 16.Kapitels sagt: es brummt mein Herz wie eine Harfe. Gott gebe uns allen ein solches Brummen, wenn es einmal gebrummt sein soll.*" DUISBURG, 29.JUNI AN MÖLLERS

Der Familienmensch

Bei der Betrachtung des Familienmenschen Krummacher eröffnet sich einem eine Idylle, die einen, wäre sie nicht bezeugt, mit Skepsis erfüllen könnte. Liest man die Erinnerungen Kügelgens, möchte man sich am liebsten mit an diesen Familientisch setzen, wo geredet, gelacht, gelesen und miteinander gesungen wird. Fast allabendlich saß Krummacher zu den Häupten seiner Lieben, hörte ihnen mit Interesse zu, sagte Verse auf, las Passagen aus großer Literatur vor und *„war unerschöpflich in der Darreichung der reichsten Gaben aus der Schatzkammer seines Kopfes und Herzens"* [8]. Dieser Vater war nicht schweigsam bei Tische, war kein strenger Gehorsamserzwinger, keineswegs kühl distanziert, geschweige denn gefühlsmäßig unerreichbar, so wie einem viele Väter der patriarchalischen Strukturen vergangener Zeiten vorzukommen scheinen. Nein, im Krummacherschen Hause war die Atmosphäre herzlich, anteilnehmend, fröhlich, humorvoll und voll Freude an geistigen Errungenschaften, sei es Literatur oder Musik. Selbst Haustiere waren erwünscht und als Hausgenossen mitfühlend gepflegt, man siehe den „Dankesbrief" des Kanarienvogels oder die Hinweise in zwei Briefen: *„Die Tiere gehören mit zu meinen Lebensfreuden, sie sind meine Oper und meine Kapelle"* DUISBURG, 6.MÄRZ AN CHRISTIANE ENGELS oder: *„Unser Julius (..) hat sich eine Krähe angeschafft."* BERNBURG, SOMMER 1821 AN A.W.P. MÖLLER, sowie ein ganzes Gedicht „Der Kanarienvogel" zu Ehren *„Der gelben Vöglein fröhlichen Gesipps"* in „Bilder und Bildchen".

Krummachers Familienbild wird wohl zuerst entscheidend von seinen eigenen Erfahrungen geprägt sein. Vater Jacob Friedrich war Jurist, d.h. Justizkommissar und Hoffiskal. Laut Ur-Enkelin Maria ein Mann mit großer Gerechtigkeitsliebe [9]. Die Frömmigkeit der Mutter rühmte sogar der reformierte Theologe J.G. Hasenkamp in einem Brief an Lavater. Das Verhältnis Friedrich Adolfs zu seinem Bruder Gottfried Daniel war niemals so eng wie das zu seinem Schwager und Freund Möller. Man warf den Brüdern sogar öffentlich Spannungen und Meinungsverschiedenheiten vor. In einem Brief an Friederike Möller zeigt Krummacher jedoch große Loyalität Gottfried Daniel gegenüber. Darüber hinaus vermag es hier jemand, der sehr viel Eleganz im Umgang mit Menschen hatte, einen anderen in das rechte Licht zu rücken, der diese Eleganz wohl nicht besessen hatte, ohne im überheblichen Sinn wohlmeinend zu sein: *„Dass es ihm am Geschmack fehle, glaube ich nicht; nur mag er es verschmähen, zu dem Göttlichen hinzuzutun von menschlicher Kunst – und so mag er oftmals herbe und selbst anstössig werden in dem hohen Streben nach der göttlichen Torheit. Dass es ihm an Menschenkenntnis fehle, glaube ich ebensowenig – daran kann es einem Menschen, der mit der Bibel vertraut ist, gar nicht fehlen. Aber die gewöhnliche Konvenienz ist seine Sache nicht; eben weil er die Menschen kennt, deshalb mag er sich nicht allen anschließen, mit denen er nicht gleich empfindet. Eine gewisse Eigentümlichkeit, die nicht allen angenehm ist, mag wohl, wie ich glaube, in dem Wesen des Christentums liegen; sie fehlt nicht bei Petrus, Paulus, Johannes und liegt selbst in Jesu: ‚Weib, was habe ich mit dir zu schaffen! Meine Stunde ist noch nicht gekommen' und in dem andern Ausspruch desselben heiligen Mundes: ‚Wer nicht Vater und Mutter verlässt um meinetwillen, der ist mein nicht wert' – sowie in der Peitsche, womit er die Käufer und Verkäufer aus dem Tempel verjagte. Die Entschiedenheit ist entweder ein freies Walten und Herrschen mit dem Gleichgesinnten oder ein Abstoßen der Andersgesinnten eigen. Mein Bruder weiß durchaus, was er will; die meisten Menschen aber haben keinen Willen oder wissen nicht, was sie wollen. Mit solchen kann er nicht harmonisieren."* BERNBURG, AUGUST 1816

Gottfried Daniel Krummacher
(1774-1837)

Die pietistische Einstellung der Eltern und zugleich die humanistischen Ideale seiner Zeit, der Goethezeit, prägten Krummacher. Er war belesen, sozial stark eingebunden, weltoffen und interessiert an politischen Entwicklungen. Erfahrungen, Prägungen und gewonnene Einstellungen daraus werden sein Auftreten in der Familie bestimmt haben.

Das „Fritzebüchlein"

Als Eleonore Krummachers am 28. Januar 1796 ihren ersten Sohn, Friedrich Wilhelm, gebärt, beginnt der gerade Vater gewordene Friedrich Adolf ein ganz besonderes Büchlein zu schreiben. Keine theologische Literatur, sondern etwas ganz Persönliches, das einen aufmerksamen und sensiblen Menschen mit sehr warmen Vatergefühlen zeigt. Das so genannte „Fritzebüchlein" ist ein Tagebuch, in dem die ersten Entwicklungen des Erstgeborenen vermerkt sind. Leider ist dieses Büchlein nicht verlegt, sondern irgendwo in Privatbesitz, wenn es überhaupt noch existiert. Aber Maria Krummacher hat in der Biografie ihres Großvaters Textstellen zitiert, die es wert sind, hier wiederholt zu werden.

„Ich bin nun Vater und Gott sei gelobt, dass ich es bin! Ich befinde mich jetzt in einem neuen, unaussprechlich teuern und wichtigen Verhältnis: ich bin Vater! - Gestern, am siebenten Februar, wurdest du, mein Erstgeborener, getauft! Heilig sei mir das Gelübde, das ich in der Stunde Deiner Geburt knieend tat, dich aus allen Kräften zu allem Guten zu erziehen und zu einem tugendhaften, nützlichen Bürger der Welt zu bilden, über dein Herz und deinen Verstand unermüdet zu wachsen und jedem Bösen, so viel als möglich den Eingang in dein Herz zu verwehren. Heilig sei mir dieser Vorsatz!"

„Mein Knabe lächelte uns heute an. Es war das erste Zeichen des Erwachens seiner noch schlummernden Seele. Gott gebe, daß er sein ehrliches, freundliches Gesicht sein Leben lang behalte und immer so die Menschen anlächeln möge und anlächeln könne!"

„Ein kleiner Musikante ist der Junge, mit Händen und Füßen bezeugt er den französischen Hautboisten seinen Beifall. Nur übt er seine eigene Stimme bisweilen zu gewaltig. Die Stirne kann er schön in Runzeln ziehen, das muß aber so sein. Wenn wir noch im Paradiese lebten, bedürfte es der Runzeln nicht, so aber, lieber Junge, wirst du wohl einst Gebrauch davon machen müssen. Lege du nur immer deine Stirn in Runzeln, wenn du Böses siehst und hörst, damit der Versucher vor

dir fliehe, und Unredliche und Lasterhafte Furcht anwandle. Sei du dann ein Cato, lieber Fritz!"

„Nun hat er die ersten Streiche bekommen. Der Eigensinn erwacht in ihm, wovon er uns schon mehrmals Proben gegeben hat. Aber gleich nach dem ersten Streich übermannte mich die väterliche Zärtlichkeit, ich schlug noch einmal, aber decrescendo, nur um meinen Grundsätzen treu zu bleiben. Dann ging ich in mein Kämmerlein – wunderbare Gefühle durchströmten mein Herz – Vater im Himmel, bat ich, gib mir Kraft, mein Kind gut zu erziehen. O ihr Toren, die ihr ohne Erfahrung über Erziehung der Kinder schwatzt, wenn es einmal zu euch heißt: hic Rhodus, hic salta!"

„Vater- und Mutterfreuden sind die größten aller Freuden, aber Vater- und Mutterschmerz ist auch der bitterste aller Schmerzen. Unser Fritz hat vierzehn Tage zum Tode krank an den Blattern daniedergelegen. Gestern feierten wir seinen ersten Geburtstag mit doppelter Freude, da er uns nach überstandener Krankheit zum zweitenmal geschenkt war. Unsre Schüsseln und Gläser waren fröhlich mit Blumen bekränzt. Wir scherzten und sangen, und das ist auch eine Danksagung, die dem lieben Gott wohlgefällt."

„Heute machte unser Junge den ersten Gang, allein fast durch die halbe Stube. Ich sagt ihm, er solle zu der Mutter gehen, und siehe da! Er faßte sein Röckchen in die Höhe und in dieser naiv komischen Positur watschelte der kleine Amor daher. Tiefe, aufmerksame Stille herrschte, doch als er glücklich angekommen war, mußte ich aus Leibeskräften lachen, und doch traten Muttchen und mir die Tränen in die Augen."

„Er hat zum erstenmal die Sonne untergehen sehen. Es war ein angenehmer Herbstabend, sie ging so schön unter. Fritz beobachtete sie aufmerksam, und ich erzählte ihm, daß die liebe Sonne nun in ihr Bettchen gehe. Er blickte sie noch ein wenig verwundert an, dann zog ein tanzender Mückenschwarm seine Aufmerksamkeit auf sich. Ich hätte es gern gesehen, wenn er in seiner Art in eine sentimentale Rhapsodie ausgebrochen wäre, aber Kinder können groß und klein *nicht unterscheiden, und im Grunde ist eine Mücke in ihrer Art ebenso groß wie der Sonnenball, und mein Fritz größer als sie beide."*

„Eben komme ich von unserem Knaben. Er lag und schlief so ruhig, sein blondes Haar hing nachlässig um seinen Kopf. Die Fülle der Gesundheit blühte auf seinen Wangen. Sein kräftiger Atem tönte durch die Stube; beide Hände lagen übereinandergeschlagen auf seiner Brust. Ich sah ihn an mit inniger Vaterfreude. O wie muß es bitter sein, die geliebte Unschuld zu betrachten, wenn man sich selber schuldig fühlen muß! Lebhaft empfand ich in diesem Augenblick das Glück des Bewußtseins, im Kampf mit den eignen Leidenschaften den Sieg errungen zu haben. Der Anblick meines Knaben stimmte mich zu feierlich ernster Betrachtung. Wer gut erziehen will, muß selber gut sein. Vater im Himmel, hilf mir dazu!" [10]

Der Vater

Legt man einmal das Lesezeichen in Krummachers eigenes Lebensjournal zu Zeiten seines Kettwigers Aufenthaltes, ist bei Enkelin Maria sehr schön beschrieben, wie der Umgang des Dorfpfarrers mit seinen Söhnen aussah. Die beiden älteren Söhne, Friedrich und Emil erhielten in dieser Zeit zusätzlichen Unterricht bei ihrem Vater. Dieser Unterricht war aufgrund der Beschäftigung des Vaters sehr eingeschränkt. Es schien aber wohl häufig vorgekommen zu sein, dass Krummacher seine Söhne bei seinen Hausbesuchen, also bei den Gängen über die Kettwiger Hügel zu den im Lande verteilten Bauernhöfen mit sich nahm. Hier bekamen die Jungen „wandernden Unterricht" und lernten im Miterleben der seelsorgerischen Tätigkeit des Vaters. In *„vogelreichen Buchenforsten"*, wie sich Sohn Friedrich Wilhelm erinnert, auf Bergrücken mit *„ins Unermeßliche sich erstreckender Rundsicht"*, bei *„überreichen, prangenden Erd- und Heidelbeerernten"* und beim Baden in der *„bis auf den Grund klaren, kristallhellen Ruhr"* [11] rauchte der Kopf der Jungen dann wohl nicht all zu sehr. Zudem wurde der Wanderunterricht manchmal noch mit

Äpfeln, Nüssen und Tauben belohnt, die der Familie von den Bauern als Geschenk mitgegeben wurden. Entsprachen diese Studien wohl nicht dem Inhalt eines schulischen Curriculums, befand doch Friedrich Wilhelm, dass die Kettwiger Jahre manch „*schätzbaren Gewinn*" einbrachten. Sie zeigten ihm im Rückblick das „*Ideal pastoralen Lebens*" und halfen den Jungen „*die Welt als ein Paradies zu sehen*"[12].

Hinsichtlich der religiösen Erziehung schreibt Friedrich Wilhelm in seiner Selbstbiografie, dass die Eltern ihren Kindern die Hände zum Tischgebet, zum Morgen- und Abendsegen zwar zusammengelegt hätten, ihnen aber keine spezifisch religiöse Erziehung hätten zukommen lassen. Den Kindern wurde nicht so sehr die offenbarte Gottmenschlichkeit in Jesus Christus vermittelt, sondern ein Ideal an Humanität, das die Eltern in diesem verwirklicht sahen. Um sich diesem Prinzip „Humanität" umfassend zu nähern, bedarf es eines Blickes in verschiedene Bereiche des menschlichen Miteinanders. Danach lebte Krummacher und das versuchte er wohl seinen Kindern zu vermitteln. Dem entspricht die Haltung, die er gegenüber Wilhelm von Kügelgens Mutter in einem Brief vertritt. Auf deren Frage hin, ob es nicht richtig sei, dass Wilhelm ein bestimmtes religiöses Lehrbuch lesen sollte, erwidert Krummacher, dass er eine einseitig religiöse Erziehung für falsch hielte und stattdessen dafür plädiere, „*die Phantasie mit anderen Geisteskräften in Harmonie zu bringen*", wobei ein einmal gewonnenes Fundament vorsichtig zu bewahren und nicht „*einseitig zu nähren*"[13] sei...

Späteren Briefen an seine Söhne ist zu entnehmen, dass der Vater nicht nur ihr Lehrer, sondern auch Ratgeber war. Das lag natürlich insofern nahe, als die Söhne Fritz und Emil wie der Vater Theologie studierten. Ausführungen zum Thema und Hinweise, welche Literatur am besten zu lesen sei, finden sich aber nur vereinzelt. Der Vater belehrt nicht, sondern antwortet auf Fragen, die ihm gestellt worden sind. Ähnlich verhält er sich seinem „Pflegesohn" Wilhelm von Kügelgen gegenüber. Hier sei ein Briefausschnitt zitiert, zwischen dessen Zeilen unaufdringlich und berührend dann doch der Prediger

Friedrich Wilhelm Krummacher

hervorschaut: *„Dass Du noch in Dir zerrüttet bist, mein teurer Wilhelm, wie könnte es anders sein. Ich hoffe aber, Du wirst Dich doch wieder finden. Auch dass Du an Deiner Kunst und dem Gelingen Deiner Bestrebungen zweifelst, hängt mit jenem zusammen. Überhaupt ist es ja mit der Kunst und mit dem Schönen nicht anders als mit dem Guten. Wo wäre Vollendung hier auf Erden? Unser Wissen und Können und alles, was unser ist, ist Stückwerk. Ich bin überzeugt, dass auch Raphael das erkannt hat, sonst wäre er nicht groß geworden, und ebenso unser van Eyck und Memmling und andre. Jenen wurde aber, so denke ich, die Demut leichter als uns in unserem anspruchsvollen Zeitalter. Ich halte die Nacht, die jetzt in Dir ist, mein lieber Wilhelm, für eine solche, woraus die Dämmerung und der Tag, auch hinsichtlich Deiner Kunst, hervorkommen wird. Du wirst ein rechter Künstler werden, weil die Demut Dich ergriffen hat. In ihr kommt der Geist. Dass Du einsiehst, dass Du nicht einmal ein lumpiges Nasenloch zeichnen kannst, gefällt mir gar sehr. Ei, so lerne es zeichnen! Du willst fliegen, bevor Dein Fuß feststeht und Deine Flügel erstarkt sind.."* BERNBURG, APRIL 1820.

Wen erstaunt es da noch, dass der „Ätti" für Wilhelm von Kügelgen wie ein Vater war? In späteren Reaktionen wird deutlich, dass Krummachers leise Lebensweisheiten gerne angenommen worden sind. Und das wird vor allem auch an einem Grundsatz Krummachers gelegen haben: *„Ich lasse meinen Kindern völlig freie Wahl in ihren Angelegenheiten und erteile ihnen nur, wenn sie ihn begehren, meinen Rat."* [14]

Darüber hinaus ermahnt der Vater selten und wenn, dann in liebevoller Weise: *„Dass Ihr fleißig dem Studium obliegen werdet, daran zweifle ich nicht. Ihr tut aber nicht mehr als ich auch, und ich befinde mich recht wohl dabei."* BERNBURG, DEZEMBER 1817

„Du sollst – ich spreche als Gesetz und wie die zehn Gebote – Deinem Leibe kein Übles tun und Dir das Notwendige und zu Deiner Erheiterung Notwendige nicht entziehen!"(...) Sitze mir nicht zu viel und mache Dir täglich Bewegung." BERNBURG, FEBRUAR 1819 AN EMIL KRUMMACHER IN JENA

Ist der väterliche Kommentar ernsthafterer Natur, gleicht er eher dem Appell an die Eigenverantwortlichkeit der Söhne als einem schlichten Verbot oder Gebot, obwohl die Meinung des Vaters eindeutig ist. Als Reaktion auf die Teilnahme Friedrich Wilhelms am Wartburgfest, bei dem der junge Student sogar allen anderen voran die Fahne trug: *„Dass der König von Preußen wegen der Wartburgfeier so mißtrauisch ist, verdankt er wohl seinen Umgebungen und Zuflüsterungen. Ich freue mich des Festes und nehme es sowie die Burschenschaft überall in Schutz. Indes tut der Student wohl, dass er sich nicht um Politik bekümmert."* BERNBURG, DEZEMBER 1817 AN EMIL UND FRIEDRICH IN JENA

Da Sohn Emil wohl den Glauben hatte, ein richtiger Student müsse sich einmal duelliert haben: *„Über die Duellgeschichte habe ich Dir noch nicht geantwortet. Nach dem, was Du mir darüber gesagt hast, will ich den Fluch hiermit zurücknehmen und Dir selbst die Einrichtung und Führung Deines akademischen Lebens gänzlich anheimstellen und überlassen. Ich bitte Dich aber, Dein Temperament wohl ins Auge zu fassen und zu hüten. Ich selbst bin nie in die entfernteste Veranlassung zu einem Zweikampf geraten, und ich dächte, man könnte so etwas leicht von sich abwehren. Ich halte ihn nicht nur für einen Barbarismus, sondern bei Studierenden, die noch nicht außer Vormundschaft ihrer Eltern sind, auch für einen Frevel gegen die Eltern. Ein Korps, sei es ein akademisches, militärisches oder was es will, in dem das Duell herrscht, ist in seiner Grundlage und Verfassung unvollkommen oder verderbt."* BERNBURG, 28.JUNI 1818 AN EMIL IN JENA

Wobei der Vater sich für das hitzigere Temperament seines Sohnes fast verantwortlich fühlte: *„Deine Empfindlichkeit, mein lieber Junge ist ein Erbübel, aber Du musst die Fehler Deines Vaters nicht nach-*

ahmen, sondern ihm auf die Schultern treten." BERNBURG, APRIL 1820 AN EMIL IN TÜBINGEN

Ihm aber die Nachahmung der eigenen akademischen Grade und die eigene Eitelkeit im Hinblick auf sie nicht ganz zuerkennt: *„Dass Du Magister und Doktor werden kannst, daran zweifele ich nicht, lieber Emil – will Dir auch mit Freuden das nötige Geld dazu steuern, aber höre meine Bedenken: Reformierte Theologen lassen sich nicht magistrieren, und viele werden es Dir als Eitelkeit auslegen (...) Indes magst Du es halten, wie Du willst – mir will es nur nicht recht ein, und darum schiebe ich es Dir in die Schuhe. Ganz ohne Eitelkeit kann der Mensch freilich nicht leicht sein."* BERNBURG, 1821 AN EMIL IN TÜBINGEN

Wie gut wird den Söhnen aber der Trost des bekannten Theologen getan haben, der die Begrenztheit des Verständnisses, das eigene wie selbstverständlich inbegriffen, mit den Worten kommentiert: *„...es wäre auch ein Jammer darum, wenn das Höchste dem Maulwurfsauge der Menschen so einleuchtete wie das Alltägliche."* BERNBURG, 7.MAI 1819 AN EMIL IN TÜBINGEN oder *„Je tiefer wir eindringen wollen, desto mehr kommen wir ins Dunkel."* BERNBURG, 1821 AN EMIL IN TÜBINGEN

Die besondere Nähe Krummachers zu seinen Söhnen „unter Gleichen" zeigt sich vor allem auch in der Art, wie er sie in seine Lebensentscheidungen mit einbezieht.

„Heute habe ich eine Schrift über die Wiedervereinigung der 'beiden Konfessionen', die ich auf Befehl Serenissimi geschrieben habe, mit höchstem Beifall zurückerhalten. Nur eins gefällt mir nicht, dass der Herzog die Formel bei dem Abendmahl nicht anders will, als die bloß historische. Ich wollte: Das ist der Leib unseres Herrn Jesu Christi, für uns in den Tod gegeben usw.. Ich bin verlegen, ob ich dem ersteren zustimmen darf und hierin dem Befehl meiner Obrigkeit gehorchen soll? Was meinst Du dazu?" BERNBURG, 2.MAI 1820 AN EMIL IN TÜBINGEN

„Herzensjungens! Denkt einmal, ich habe wieder einen Ruf nach Bonn als Professor der Theologie vom Minister Altenstein! Ich berufe

also den Familienrat zusammen und frage Euch, dass Ihr mir saget, jeder für sich und so bald als möglich, was Ihr dazu meint." BERNBURG, 18. OKTOBER 1820

So einflussreich war die Meinung der Töchter nicht. Ihnen gegenüber zeigte der Vater nicht den Respekt wie gegenüber den Söhnen. Er hätte über sie niemals das geschrieben, was er über seinen Erstgeborenen schrieb: *„An meinem Fritz habe ich besonders meine Freude – es lebt ein kräftiger Geist in dem Jungen. Ich wünsche ihn zu meinem Kollegen."* Dies lag jedoch an deren gegenüber den Brüdern sehr viel geringerem Bildungsgrad - ein solcher wäre bei Frauen zu dieser Zeit trotz der freigeistigen Einstellung Krummachers noch revolutionär gewesen -, nicht an mangelnder Zuneigung seitens des Vaters. Im Gegenteil: *„Die Liebe der Väter zu ihren Töchtern hat einen besonderen Zusatz von Zärtlichkeit – vielleicht ist etwas Ähnliches bei den Müttern gegen die Söhne."* BERNBURG, OKTOBER 1819 AN FRIEDERIKE MÖLLER

Man fragt sich, ob Krummacher mit der Verheiratung seiner Tochter Julie, zärtlich „Julchen" genannt, nicht eher aus dem Grunde zögerte, dass er sie noch eine Weile im Hause bei sich behalten wollte und nicht, weil er das Gemüt des zukünftigen Schwiegersohnes Wilhelm von Kügelgen noch „keineswegs im Gleichgewicht" befand.

Die Entfernung zu den Kindern, nachdem sie das Haus verlassen und geheiratet hatten, war etwas, unter dem Krummacher die letzten Jahre litt. Besuche waren selten und mit enormem Aufwand verbunden. Die angeheirateten Schwiegerkinder wurden jedoch ins Herz geschlossen wie die eigenen: *„Herein, herein, dass unser Haus voll werde! Von allen Seiten kommen Töchter und Söhne, wie die Pfeile in der Hand des Starken. Wohl dem, der seine Köcher davon voll hat. Du hast also den Erstgebornen überwältigt? Das hast Du schön gemacht! Könnten wir Dich doch an unsre Herzen schließen und Dir sagen, wie lieb wir Dich haben. Ach, dass Ihr so fern seid!"* BERNBURG, 18.1.1823 AN LOTTE PILGERAM, SPÄTERE FRAU FRIEDRICH WILHELM KRUMMACHERS

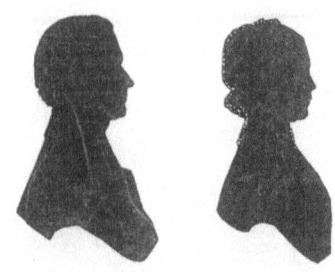

Scherenschnitte der Geschwisterehepaare Wilhelm und Julie v. Kügelgen, Julius und Adelheid Krummacher

Damit die enge Verbindung der Familie gewahrt blieb, regten die Söhne Friedrich und Emil eine „Zirkularkorrespondenz" an. Der Vater schrieb nun im Folgenden Rundbriefe, die die Kinder nach dem Durchlesen weiterschickten. So sieht man den Vater in diesen Briefen wieder förmlich zu den Häupten seiner Lieben sitzen: *"Geliebte Kinder! Wir haben uns Euer aller Skripturen königlich gefreut; sind sie ja doch voll guter Nachrichten, Laune, schöner Gedanken und Einfälle, Scherz und Ernst, und alle Eure rechten Hände sichtbarlich darin abgemalt. Der Name des Herrn sei gelobt für Seine wunderliche Gnade!"* BREMEN, 10.JULI 1837 AN ALLE KINDER.

Die Pflege dieser Familienkorrespondenz sollte dann auch schließlich ihre Früchte in der Erfüllung eines der größten Wünsche Friedrich Adolf Krummachers tragen, nämlich den Zusammenhalt der Familie über seinen Tod hinaus: *„Jedoch freue ich mich und werde mich freuen, solange Ihr, Ihr geliebten Kinder und Enkel, noch auf Erden seid und daselbst wirkt, wo ich aufgehört habe, und Euch alle unter einander lieb habt, wie Vater und Mutter Euch lieb hatten."* BREMEN, 28.JANUAR 1845 AN FRIEDRICH WILHELM.

Den Grad der gegenseitigen Liebe zu bemessen steht einem Dritten nicht an, aber noch immer treffen sich auch heute Angehörige der Familie im Schatten des „Ätti". Den Anfang machten die sechs Kinder, die sich mit Ehepartnern und Kindern zum hundertsten Geburtstag des Vaters in Tecklenburg trafen und an dessen Geburtshaus eine Tafel einlassen ließen mit folgenden Worten:

„Ihrem teuren Vater Dr. Friedrich Adolf Krummacher hier geboren den 13.Juli 1767 heimgegangen zu Bremen 4. April 1845 seine sechs Kinder in der Liebe, die nimmer aufhört. Vixit vivit nec unquam moriturus est." [16]

Liebe zur Natur
Christiane Graßt

"Diesen Morgen um 4 Uhr ging ich auf unser Sommerhäuschen."

Krummacher war ein eifriger Spaziergänger. Dieser heute so banal klingende Satz belegt, dass der Dichterpfarrer zu Lebzeiten „au courant", also modern und „auf dem laufenden" war, denn das Spazieren - das zweckfreie sich ergehen - erlebte gerade eine Hochblüte.

Wie es dazu kam? Hier ein kurzer Gang durch die Geschichte des Spaziergangs, beginnend mit dem 17. Jahrhundert: *„Himmel, Erde, Luft und Meer zeugen von des Schöpfers Ehr;"* dichtet *Joachim Neander* 1680. Gottes Schöpferkraft und Güte schenken dem Menschen die herrliche Natur, die im Spazierengehen zum Gotteslob einlädt.

Paul Gerhardts etwas früher entstandenes, heute noch gern gesungenes *„Geh aus, mein Herz, und suche Freud in dieser lieben Sommerzeit an deines Gottes Gaben; schau an der schönen Gärten Zier und siehe, wie sie mir und dir sich ausgeschmücket haben."* fügt dem Gehen noch das Sehen hinzu - ein ganz wichtiger Aspekt auch bei einer zweiten großen Gruppe der barocken Spaziergänger. Diese „erging sich" in den ausgedehnten Schlossgärten, die sich in ganz Europa große und kleine Regenten nach dem alles überstrahlenden Versailler Vorbild des Louis XIV. errichtet hatten. Diese Gänge huldigten nun nicht dem himmlischen, sondern dem weltlichen Herrscher. Sie fanden in einem sehr begrenzten Frei-Raum statt und waren als gesellschaftliche Ereignisse den höheren Kreisen vorbehalten.

Nach der französischen Revolution änderte sich das Spazierengehen radikal. Die Enge innerhalb der Stadtmauern, der Wunsch, sich von der bedrückenden Atmosphäre der Städte zu befreien, zog die Menschen magisch hinaus vor die Tore der Stadt.

In seinem großen Gedicht „*Der Spaziergang*" von 1795 beschreibt Friedrich Schiller dies so:

„Sei mir gegrüßt, mein Berg mit dem rötlich strahlenden Gipfel!
Sei mir, Sonne, gegrüßt, die ihn so lieblich bescheint!
Dich auch grüß ich, belebte Flur, euch, säuselnde Linden,
Und den fröhlichen Chor, der auf den Ästen sich wiegt,
Ruhige Bläue, dich auch, die unermeßlich sich ausgießt
Um das braune Gebirg, über den grünenden Wald,
Auch um mich, der endlich entflohn des Zimmers Gefängnis
Und dem engen Gespräch freudig sich rettet zu dir..." [1]

1808, also genau zu der Zeit, in der Krummacher sich an den Kettwiger Spaziergängen erfreute, erschien in *Johann Wolfgang von Goethes „Faust 1"* der „Osterspaziergang".

„Vom Eise befreit sind Strom und Bäche / Durch des Frühlings holden, belebenden Blick..." beginnt Faust und ist dabei auf dem Weg hinaus in die ländliche Umgebung, denn in der Stadt ist es unerträglich geworden.

„...Aus dem hohlen finstern Tor / Dringt ein buntes Gewimmel hervor... ...Denn sie sind selber auferstanden, / Aus niedriger Häuser dumpfen Gemächern, / Aus Handwerks- und Gewerbesbanden, / Aus dem Druck von Giebeln und Dächern, / Aus der Straßen quetschender Enge, / Aus der Kirchen ehrwürdiger Nacht / Sind sie alle ans Licht gebracht..."

Und nachdem er dem bunten Treiben eine Weile zugeschaut hat, ruft er begeistert aus: *„Ich höre schon des Dorfs Getümmel, / Hier ist des Volkes wahrer Himmel, / Zufrieden jauchzet groß und klein. / Hier bin ich Mensch, hier darf ich's sein!..."* [2]

Peter Cornelius: „Faust und Wagner unter den Spaziergängern vor dem Tore", Kupferstich 1826

Nun machte also nicht mehr die Stadtluft frei - die Freuden und Freiheiten des Landlebens sind es, die den Städter entzücken, wobei zu Beginn des 19. Jahrhunderts der Städter fast immer die Annehmlichkeiten der Stadt weiter genießt. Am Ende des Spaziergangs kehrt er - wie Faust - wieder in die schützenden Mauern zurück.

Auch für Krummacher und seine Freunde gewannen Plätze „vor der Stadt" zunehmend an Bedeutung. Da gab es zum Beispiel in Duisburg den *„Stockfisch"*, ein beliebtes Ausflugslokal direkt am Rhein, eine Spaziergangläge vom Ort entfernt, wo die Professoren der Universität mit ihren Studenten sich gerne niederließen und so - die Enge und die Konventionen der Stadt hinter sich lassend - einen vertrauteren Umgang miteinander pflegten. Auch taucht der Stockfisch als Treffpunkt in vielen Briefen auf. Dort nahm man weit gereiste Gäste in Empfang und geleitete sie in die Stadt; dort wurden liebe Freunde verabschiedet und in die Ferne entlassen.

In Kettwig geschah dies an der *„Meisenburg"* oberhalb von Kettwig (jedoch noch ohne das später entstandene Gasthaus).

Wenn Krummacher in seinen Briefen von „Wanderungen" innerhalb der großen Kettwiger Gemeinde schreibt, die er anläßlich seiner Hausbesuche unternehmen muß, meint er damit eigentlich ausgedehntere Spaziergänge.

Das Wandern - also das Gehen „von einem Ort zum andern", wie es in ungezählten Wanderliedern des 19. Jh.s heißt - war bei Familie Krummacher ein Anliegen der nachfolgenden Generation.

„Wem Gott will rechte Gunst erweisen, den schickt er in die weite Welt..." läßt *Joseph von Eichendorff* 1823 seinen Romanhelden in *„Aus dem Leben eines Taugenichts"* singen. „Wandern" war oft ein Protestakt, ein friedliches Aufbegehren gegen veraltete Strukturen, wo durch Verlassen der alten Verhältnisse Neu-Land begangen wurde.

Krummachers Söhne *Friedrich Wilhelm* und *Emil* machten Wanderungen quer durch ganz Deutschland und Emil sogar durch die Schweiz, was den Vater - vor allem wegen der lebendigen brieflichen Reiseberichte - damals sehr erfreute.

1839, als Einundsiebzigjähriger, schreibt Krummacher dann aus Bremen in einem Brief an A.W. P. Möller in Münster: *„...Meine beiden ältesten Söhne sind der eine in Regensburg, München etc., der andere in der Schweiz gewesen, haben die Alpen etc. gesehen. Ja, was ist denn das so Sonderliches; diese aufgehäuften Haufen von Erde und Steinen, ob man die einmal angeschaut hat! Kurz, es ist alles eitel, und ich sehe lieber einen hohen Berg oder feuerspeienden im Bilde, und rauche meine Pfeife dazu, als daß ich - hinaufklettere. Ich habe allem Reisen abgesagt, so lange ich nicht so bequem reisen kann, als ich will und wünsche..."*

Dass er auch in jüngeren Jahren nichts vom Wandern, jedoch sehr viel vom „Wandeln" - dem „Spazierengehen"- hielt, zeigt ein *„Bildchen"* von 1823:

Wandern und Wandeln.

Wandrer, du wandelst gebeugt von der Last und Hitze des Tages;
  Wandelnd mit offener Brust, wand'l ich die Last mir in Lust.
Wandernd empfindest du nur dich selbst und die Schwere des Leibes;
  Wandelnd vergeß' ich auch mein irdisches Fleisch und Gebein.
Wandernd zählst du die Schritt' und missest die Krümmen und Höhen;
  Wandelnd red' ich vertraut ringsum mit Blumen und Kraut.

1807 dichtete Krummacher sein *„Alplied"* innerhalb des Festbüchleins, in welchem er so treffend die alpine Bergwelt einfängt, dass es in vielen alpenländischen Liederbüchern als typisches Schweizerlied gedruckt wurde. Er selbst hatte jedoch nie eine so weite Reise unternommen, geschweige denn so gefährliche Touren durchgeführt und mußte immer wieder beteuern, nie in der Schweiz gewesen zu sein.

Nach diesem Exkurs über den „nicht wandernden Krummacher", zurück zum eifrigen Spaziergänger, Gartenliebhaber und Naturfreund.

Er liebte - ganz Kind seiner Zeit, dem beginnenden Biedermeier - den Rückzug in die private, häusliche Idylle, seine jeweiligen Gärten und in die Natur, was in zahlreichen Briefen, vor allem aber in seinem umfangreichen literarischen Werk zum Ausdruck kommt.

„...Ich freue mich indes, daß ich hier und nicht in Berlin bin - das Staub- und Stadtwesen ist mir zuwider..." schreibt er in einem Brief aus Bernburg - das Kettwiger Landleben hatte also Früchte getragen!

Eines der zahlreichen Lese- und Liederbücher, in denen Krummachers *„Alplied"* abgedruckt wurde.

In *„Bilder und Bildchen"*, dem Büchlein, das er 1823 seiner Tochter Maria zur Hochzeit schenkte, ist fast die Hälfte der insgesamt 198 Miniaturen Themen aus der Natur gewidmet. Auch in *„Apologen und Paramythien"* erscheinen Blumen, Bäume, Vögel, Insekten, Haus- und Wildtiere, aber immer geht der Dichter über die reine Beschreibung hinaus. Dem Leser wird, wie in einer Fabel, der Spiegel vorgehalten, wobei es ihm überlassen bleibt, die Moral zu erkennen und entsprechend anzuwenden:

James Sowerby (1757 – 1822)
"Rosa systyla", handkolorierter Kupferstich, 1808

Das Veilchen.

Jedermann rühmet und hat das bescheidene
  Veilchen so gerne;
Ei, die Bescheidenheit lobt man an Andern und
  bleibet ihr ferne.

Die Rose.

Wie entblühst Du den Dornen so leicht und
  so lieblich, o Rose!
-Ach, auf dorniger Bahn wird mir das Blühen
  so schwer!

Die Mücke.

Wäre sie nur Automat, du würdest das
  Kunststück bewundern;
Da sie ein Leben sich regt, dünkt dich
  das Wunder gemein.

Schon in Moers, während seiner Zeit als Rektor des dortigen Gymnasiums, liebte Krummacher seinen Garten, dessen Pflege in den Händen von *Christiane Engels* lag, über alles. Als Dank widmete er ihr sein „Gärtnergedicht":

Herbstlied des Gärtners.

Mein trautes Gärtchen ach! verblüht!
Mit düsterm Blick und rauschendem Gefieder
Senkt sich der Winter jetzt hernieder.
Die Flur verstummt, die Freude flieht,
Mein trautes Gärtchen ach! verblüht!

Zu meinen Füßen rauscht das Laub,
Vergänglichkeit regt ihre raschen Flügel,
Mein Gärtchen wird zum Grabeshügel
Und Blatt und Blüte sinkt in Staub,
Zu meinen Füßen rauscht das Laub.

Auch Menschen welken und verblühn,
Bald sinkt auch mir des Geistes morsche Hülle
Hinab; des kühlen Grabes Stille
Empfängt mich, Klag' und Freuden fliehn, -
Auch Menschen welken und verblühn!

Nur Liebe, Liebe welket nicht,
Wenn auch hienieden alles, alles schwindet,
Und seinen Freund der Freund nicht findet
Und sehnsuchtsvoll mein Auge bricht -
Getrost! die Liebe welket nicht.

aus: „*Bilder und Bildchen*", 1823

Seine Gärtnerin sorgte sogar dafür, dass die schönsten Sträucher des Moerser Gartens in den kahlen Hinterhof der Duisburger Wohnung gesetzt wurden.

Auch der Kettwiger Pfarrgarten wird in Briefen häufiger erwähnt, vor allem, wenn die empfindlichen Obstbäume - Krummacher hatte u.a. Aprikosenbäume - wieder vom Frost geschädigt worden waren.

Vogelgesang auf seinen Spaziergängen erfreute ihn besonders:

An Friederike Möller: ..."*Diesen Morgen um 4 Uhr ging ich auf unser Sommerhäuschen. Der Tag dämmerte; aber ein solches Vogelconcert habe ich noch nie gehört, ich glaube wohl 40 Amseln sangen in den Weiden, und mit solcher Kehle und so ohne Pausen, als wenn sie den 104. Psalm angestimmt hätten...*" DUISBURG, 25. APRIL 1806.

Der Dreiklang von Theologie, Musik und Ornithologie, der hundertfünfzig Jahre später den französischen Komponisten *Olivier Messiaen* faszinierte und zu einzigartigen Klangschöpfungen anregte, ist auch bei Krummacher deutlich spürbar.

Vor allem Lerche und Nachtigall tauchen immer wieder in Briefen und Gedichten auf:

An Christiane Engels: „...*Heute Morgen habe ich zum ersten Mal die Lerche, die Verkünderin des Frühlings, gehört und der freundlichen Sängerin in den Lüften mein leises, aber innig empfundenes Bravo zugerufen....*" DUISBURG, DEN 6. MÄRZ. 1804

Lerche und Nachtigall.

Warum steigt die Lerche aufwärts, singend in der Höh' ihr Lied?
Darum, weil von nied'rer Scholle aufwärts sie der Himmel zieht. Warum singt die Nachtigall einsam, von der Nacht umhüllet?
Darum, weil des Himmels Hauch ihr die zarte Brust erfüllet.

Die Nachtigall.

Kraftvoll tönt dein Gesang, o Nachtigall, Wonne und Wehmut;
Still und geheim ist dein Sitz, Wandel und Wesen voll Demuth.

Die Lerche im Sommer.

Ach, die Nachtigall schweigt, eintönig zirpen die Grillen,
Aber die Lerche, sie schwebt immer noch jauchzend empor.
Mögen das traurende Land dürrstarrende Stoppeln bedecken,
Oben in reinerer Luft schöpfet sie Muth zum Gesang.

aus: *„Bilder und Bildchen"*, 1823

Die Lerche.

Hört die Lerche! Sie singt! -
Hoch in den bläulichen Lüften,
Über den grünenden Triften
Tönet ihr Lied! Wie erklingt
Ihre melodische Brust
Uns zur Freude und Lust!

Seht die Lerche! Sie steigt! -
Hoch aus den himmlischen Räumen
Ruft sie den schlummernden Keimen:
„Grünet! der Winter entfleucht!"
Und der Gebärerin Schoß
Schmücken Halmen und Moos.

Seht die Lerche! Sie schwingt
Lustig ihr braunes Gefieder,
Und auf die Knospen hernieder
Schauet sie freundlich und singt:
„Krönet das liebliche Grün!" -
Und die Knospen erblühn.

Hört die Lerche! Sie schwebt
Über der Erde Gewimmel
Preisend und dankend gen Himmel!
„Menschen, so singt sie, erhebt
„Über die staubige Bahn
„Eure Herzen hinan!"

aus: *„Festbüchlein, Band 1, Der Sonntag"*

Liebe zur Musik
Christiane Graßt

"... Uebung in der Musica, welche die nächste ist nach der Theologia." [1]

Krummacher spielte Flöte, Geige, Klavier und wirkte während seiner Zeit als Rektor des Gymnasiums in Moers als Bratschenspieler bei den Konzerten des städtischen Gesangvereins mit.

Sein Neffe Arnold Wilhelm Möller berichtet über einen frühen musikalischen „Auftritt": *„Nach Bremen zum Antritt der Hauslehrerstelle [1789] begab sich Kr. von Tecklenburg aus auf einem Frachtwagen, in damaligen tieffsten Sandwegen. In Brinkum angekommen, mußte man übernachten. Kr. saß Abends bei seinem neuen Testamente. Da hört er fröhliche Leute. Siehe da, eine Hochzeit im Hause! - Er holt seine Violine aus dem Gepäck, spielt auf und läßt die Hochzeitleute tanzen, die ihn sehr lieb gewinnen...."* [2]

Krummachers ganz große Liebe galt jedoch dem Gesang. So schreibt er nach einem Besuch in Berlin begeistert:

An A.W. P. Möller: *„...Die Singakademie – war das Allerbeste. Das ist eine recht fromme und herrliche Anstalt..."* BERNBURG, 12. NOV. 1818.

Bei der von Krummacher so geschätzten familiären Hausmusik wurde vor allem gesungen. Während des einjährigen Aufenthalts in Essen 1806 hatte der achtjährige *Emil* wohl von Christiane Engels Gesangsunterricht erhalten, denn in einem dortigen Konzert hatte er eine Alt-Arie von Mozart *„kräftig gesungen"* [aus einem Brief des Vaters], mußte dann aber seine Gesangsstudien beenden, da er auf das Duisburger Gymnasium kam.

Schon in Kettwig erklangen dann zusammen mit den Töchtern von Maria Schneider und den ältesten Krummacher-Kindern die gerade erst von *August Harder* vertonten mehrstimmigen Gesänge aus dem *„Festbüchlein"* des Vaters.[3]

Der Maler *Wilhelm von Kügelgen*, der Krummachers enger Freund und Schwiegersohn wurde - er heiratete die jüngste Tochter *Julie* - verbrachte 1817 als Fünfzehnjähriger ein Jahr im Hause Krummachers in Bernburg und berichtet in seinen bekannten *„Jugenderinnerungen eines alten Mannes"*:

"Die Krummacherschen Kinder sangen sämtlich hell und rein wie Glocken, trafen mit Leichtigkeit die Mittelstimmen nach Gehör, und der Vater sang den Baß, markierte, mit der Hand taktierend, alle Schönheiten des Textes oder der Musik und war dabei so selbstvergessen und ergriffen, daß ihm häufig die Tränen der Rührung in die Augen traten. Dazu wieder scherzte und lachte er mit uns und riß uns zu enthusiastischer Föhlichkeit hin." [4]

Auch im literarischen Werk spielt der Gesang eine tragende Rolle. Die drei Bände des „Festbüchleins" sind durchzogen von mehr als neunzig Liedern zu Tages-, Jahres- und Festzeiten, zur Vertiefung des gesprochenen Wortes, zur Erbauung, Tröstung und Feier oder als Ausdruck von Schmerz und Freude.

„Eines Sonntags im Frühling hatte er [der „Meister" [5]]*, die ältesten Kinder eingeladen, um sich gemeinsam des Feiertags und Frühlings zu freuen, und die aufgehende Sonne zu schauen. Sie waren alle zu rechter Zeit in der Schule versammelt. Der Lehrer sprach ein Morgengebet, und nun wanderten sie auf den Hügel. Da sangen sie das Lied, das sie die Woche gelernt hatten:*

Sonntagsmorgenlied im Frühling.

O seht, auf leisen Flügeln
Des Frührots von den Hügeln
Kommt unser Feiertag ins Thal!
Wir wandeln ihm entgegen;
Er bringt uns Freud' und Segen,
Und Laub und Blumen ohne Zahl..."

aus: „Festbüchlein, Erstes Bändchen, *Der Sonntag*"

In den *Parabeln*, den *Bildern und Bildchen* und in den *Apologen und Paramythien* ist es immer wieder der Gesang der Vögel, der den Ausgangspunkt für die Erzählung bildet:

Der junge Adler

Es wollt' ein junger Adler sich
In seiner Herrscherwürde sehen.
Er ließ demnach sofort ein königlich
Edikt durch sein Gebiet ergehen,
Worin bei schwerer Pön[6] befohlen ward,
Daß alle Vögel nur auf eine Art
Nach einer Weise sollten singen.

Man staunte und begann. - Es wollte nicht gelingen.
Mein Himmel! rief ein aufgeklärter Staar,
Der weit und breit gereiset war,
Wie kann der König unsern Kehlen
So etwas Tolles anbefehlen?
Fürwahr er macht uns noch Gesang und Lust zur Plage,
Und - singt doch selber nicht! -

Freund, fiel die Amsel ein,
Das möchte wohl auf deine Frage
Die allerbeste Antwort seyn. -

aus: „Apologen und Paramythien", 1810

Für den reformierten Pastor Krummacher spielte Kirchenmusik als eigenständiger Bestandteil des Gottesdienstes, in Form von geistlicher Chormusik oder ausgedehnter Orgelmusik, keine große Rolle - die Musik in der Kirche war vor allem der gesungene Choral. Trotzdem verdanken wir ihm einige schöne Beschreibungen über Orgeln und die Wirkung des Orgelklangs: *„Auch tönte die verbesserte Orgel kräftiger und lieblicher denn zuvor, so daß jeder sagen mußte, Gottes Segen sey recht sichtbar und hörbar."* [7]

Im ersten Band des Festbüchleins *„Der Sonntag"* findet sich im Gedicht *„Das Kirchlein"* folgender Vers:

> *„Und wenn die Orgel glänzt und klingt*
> *mit ihren Silberpfeifen,*
> *wie dann ihr Schall das Herz durchdringt!*
> *Es läßt sich kaum begreifen!*
> *Man sieht und hörts mit Staunen an,*
> *und fühlt, was man nicht sagen kann!"*

Ev. Kirche in Kettwig um 1921.

Dieses heute noch existierende barocke Orgelgehäuse von Peter Weidtman (1749) hatte Krummacher vor Augen, wenn er in Kettwig predigte.

Einen seiner Briefe an Ehepaar Möller beginnt Krummacher so: *„Lieber Bruder, und liebe Friederike! Der Mensch ist gleichsam eine Hausorgel, das heißt der Mensch, der seinen Lebenscursus so weit vollendet hat, daß er ein gestandener Mensch ist, wie die Schwaben sagen, d. h. wenn er einmal beweibt und bekindert ist. Ehe er aber dahin gelangt, muß er erst alle Stufen durchgehen, ehe er zu einem Orgelwerk gedeihen kann, alle Stufen der Blasinstrumenten-Erfindung."* Krummacher verbindet nun die einzelnen Lebensalter mit verschiedenen Pfeifenformen - von der schlichten ein-tönigen des Kindes bis zur aus sieben Tönen bestehenden Panflöte des jungen Mannes, die diesem aber auch nicht ausreicht: *„Da erwacht die Schöpferkraft, und er sucht unter den Bäumen des Waldes, ob er daraus etwas bilden möge. Und er bildet sich eine Flöte aus Buchsbaum und flötet des Abends und Morgens. Dann kommen die Mägdlein und hören. Und die am meisten zuhöret, die wählet er sich, und läßt die Flöte ruhen, und bauet sich eine Hütte. Dann kommt die heilige Cäcilia* [Patronin der Orgelbauer, Organisten u.v.a.m.], *und bildet aus ihnen selbst ein Orgelein, und ein Pfeiflein setzt sich dem andern zu, bis das ganze Leben ein ordentliches Orgelwerk ist, mit Schnarrwerk und Allem..."*
DUISBURG IM FEBRUAR 1807

Da der Hausvater zu diesem Zeitpunkt bereits fünf Kinder hatte, die „wie die Orgelpfeifen" zwischen drei und elf Jahren alt waren und seine Frau das sechste erwartete, ist der Vergleich mit der „Haus"-Orgel sicherlich aus eigenem Erleben entstanden!

1834, während eines Besuches bei Natorps in Wengern (seine älteste Tochter Marie war verheiratet mit Pfarrer Gustav Natorp), hörte er den Gesang der Familie, worüber er in einem Brief an Julie Keller schreibt. Hier faßt er in aller Kürze zusammen, was Musik für ihn bedeutet: ..."*während ich schreibe, klingt Frau Musika in lieblichen geistlichen Liedern und erfüllt mein Herz mit Dank und Preis zu Dem, der bisher mich und mein Haus mit Gnade und Barmherzigkeit gekrönt hat."*

Der Liederdichter
Christiane Graßt

Krummachers Ruhm zu Lebzeiten beruhte auf seinen Erfolgen als Schriftsteller und als Lieder-Dichter, wobei vor allem die in den drei Bänden des *„Festbüchleins"* enthaltenen Gedichte in zahlreichen Sammelbänden veröffentlicht wurden. Die überraschende Vielfalt der Verwendungsmöglichkeiten dieser Gesänge sorgte für weit verbreitete Veröffentlichungen in Europa und Nordamerika. Sie trugen so zu der großen Popularität Krummachers bei.

Es lassen sich vier Buchtypen feststellen, in denen die Gedichte aus dem *„Festbüchlein"* zu finden, sind.

1. Gesangbücher

„Ein gutes Kirchenlied ist eine Gabe Gottes und viel Segen darin; denn es bleibet, während man aller weltlichen satt wird." [1]

Krummacher hatte eigentlich nicht vorgehabt, Choräle zu schaffen: *„...Ein neues Gesangbuch ist eine schwere Sache. Es giebt in der neuen Zeit wenig Lieder, die den alten gleich kommen. Unter Meinen möchten auch sehr wenige, oder gar keine sein, zur Aufnahme in ein Gesangbuch, einige wenige ausgenommen, vor Allem im Neujahrsfest..."* [2]

Doch die zeitgenössischen Herausgeber waren anderer Ansicht. Da viele seiner Gesänge aus dem Festbüchlein in gängigen Versmaßen gedichtet waren, konnten sie leicht auf bereits bestehende Melodien gesungen werden, fanden Eingang in unzählige Gesangbücher und machten Krummacher zu einem der wichtigsten evangelischen Liederdichter seiner Zeit. Sie erschienen in Deutschland, in der Schweiz und in Gesangbüchern der deutschen Gemeinden in Frankreich, England und Amerika. Einige Choräle wurden ins Englische übersetzt und in englische und amerikanische Gesangbücher übernommen. [siehe Quellen]

2. Solo- und Chorlied

Einige zu Beginn des 19. Jahrhunderts bekannte Liedkomponisten, wie *August Harder, Hans Georg Nägeli* und *Johann Wilhelm Georg Nedelmann*, hatten schon früh Vertonungen für eine oder mehrere Singstimmen, gemischten Chor oder auch Männerchor zu Krummachers Texten geschaffen. Sogar im Werk von *Franz Schubert* findet sich eine Krummacher-Vertonung: Seinem Op. 17, Nr. 4 „*Die Nacht*" für Männerchor, das 1823 veröffentlicht wurde, liegt das Gedicht „*Wie schön bist du*" aus dem „*Christfest*" zu Grunde. Diese Werke wurden gerne beim häuslichen Musizieren gesungen und erfuhren auch in der Familie Krummacher große Wertschätzung.

August Harder (*1775 in Schönerstedt [Sachsen], †1813 in Leipzig) wirkte in Leipzig als Komponist, Sänger, Gitarrist, Pianist, Musiklehrer und Schriftsteller. Seine Kompositionen - vor allem die für Gitarre - waren zu Lebzeiten sehr geschätzt. Am bekanntesten ist heute seine Melodie zu Paul Gerhardts „*Geh aus, mein Herz, und suche Freud*", die Harder zu dem Frühlingslied „*Die Luft ist blau, das Thal ist grün*" komponiert hatte und die erst nach seinem Tod mit dem Lied Paul Gerhardts kombiniert wurde.

1811 waren bei Baedeker zwei Bände mit sämtlichen Gesängen des „*Sonntags*" und des „*Christfestes*" erschienen, die Harder für 1 - 4 Stimmen und Pianoforte vertont hatte. [siehe Quellen]

Im Vorwort zur dritten Auflage des „*Sonntags*" schreibt Krummacher: „*Es ist allgemein bekannt, mit welcher edeln Einfalt und Kunst Herr A. Harder sowohl die Lieder des Sonntags als des Christfests in Musik gesetzt hat. In manchen Gegenden des Vaterlandes ertönen diese Lieder in den Thälern und auf den Höhen. Das schönste Lob, das Ihnen zu Theil werden konnte...*" BERNBURG 1813

In einer Verlagsankündigung aus dem Hause Baedeker von 1817 erfahren wir den Grund für die zwar kunstvolle, aber doch sehr schlichte Kompositionsweise Harders:

„*Als diese Lieder zuerst erschienen, stimmten alle Kunstkenner darin überein, daß sie meisterhaft componirt wären...Jetzt tönen diese Lieder schon aus tausend jugendlichen Kehlen und Herzen und verewigen zugleich das Andenken des leider zu früh verstorbenen genialen Harders. - Möchten doch diejenigen Eltern, welche diese Sammlung noch nicht besitzen, eilen, ihren Kindern auch diese so einfachen und schönen Compositionen anzuschaffen, sie werden dadurch auch sich selbst einen herrlichen Genuß bereiten."* [3]

Dass dies nicht nur Werbung für ein neues Kinderliederbuch war, erfahren wir aus den Schilderungen von Wilhelm Kügelgen, der, ebenso wie Friedrich Adolph und an anderer Stelle Friedrich Wilhelm Krummacher, auch in das Lob über Harder mit einstimmt: *„...und im Chor dazu gesungen, am liebsten die eigenen Lieder des Hausvaters,* [Krummacher] *welche von einem jungen, vielversprechenden Musiker, namens Harder, der nur allzu früh verstorben ist, in liebliche Musik gesetzt waren..."* [4]

Hans-Georg Nägeli (*1773 in Wetzikon [bei Zürich], †1836 in Zürich) war Komponist, Musikhändler, -verleger und -schriftsteller, der sich, wie Natorp in Deutschland, der Reform des Gesangswesens in der Schweiz widmete. Bahnbrechend war in diesem Zusammenhang seine Gründung des *Zürcherischen Singinstituts*, dem mehrere Chöre angegliedert waren, und für die er zahlreiche Chorkompositionen schuf. In der aus 12 Heften bestehenden Sammlung *„Teutonia"*, und in weiteren Sammlungen sind viele Gedichte Krummachers vertont. [siehe Noten-Anhang] In unserem Evangelischen Gesangbuch ist seine Melodie zu „*Lobt froh den Herrn, ihr jugendlichen Chöre*" zu finden.

Johann Wilhelm Georg Nedelmann (*1775 in Essen, †1862 in Essen) war ursprünglich Kaufmann und widmete sich dann immer mehr der Musik. Am Essener Gymnasium gab er Gesangsunterricht und gründete 1838 den heute noch bestehenden Essener Musikverein.[5] Überregionale Bekanntheit erlangte er durch seine Liedkompositionen und Liederbücher, die von seinem Freund G. D. Baedeker verlegt wurden. Er vertonte Gedichte Krummachers aus dem Festbüchlein für Männerchor. [siehe Quellen]

3. Liederbücher für Schulen und häusliches Singen

Ebenso wie Bernhard Christoph Ludwig Natorp engagierten sich auch andere Pädagogen für eine Verbesserung des Volks-Singens und edierten umfangreiche Liedersammlungen zu weitgespannten Themenkreisen: kirchliche und weltliche Feste, Tages-und Jahreszeiten, Natur und häusliches Leben. Dies sind nur einige der Bereiche - die Bücher enthielten oft mehrere hundert Lieder.

In vielen dieser Bände sind Krummachers *„Festbüchlein-Gesänge"* enthalten, wobei geistliche und weltliche Lieder gleichermaßen Beachtung finden.

Der wohl erstaunlichste Abdruck Krummacherscher Gesänge aus dem Festbüchlein findet sich in einem jüdischen Schul-Liederbuch! 1804 war in Frankfurt das *Philanthropin* - eine jüdische Reformschule - gegründet worden. Der Unterricht fand in deutscher Sprache statt und war an Zielen der Aufklärung orientiert. Einer der dortigen Lehrer war *Joseph Johlson* (1777 - 1851), der als Bibelübersetzer und Autor pädagogischer Schriften bekannt wurde.

Sein Hauptwerk ist ein Lehrbuch für den Unterricht an jüdischen Schulen, das in der ersten Hälfte des 19. Jh.s weit verbreitet war. Der zweite Band besteht aus einem Gesangbuch mit beigefügten Gedichten und enthält zwölf Werke Krummachers. Allerdings werden in dem Johlson-Gesangbuch keine Autorennamen genannt, sodass Krummachers Name nicht erwähnt wird. Dies war aber eine durchaus übliche Praxis.

Johlson verwendet natürlich nur Lieder, die keinerlei christologische Bezüge zeigen; an einigen wenigen Stellen ändert er sehr geschickt geringfügig den Text, um ihn im jüdischen Kontext verwenden zu können.

4. Lesebücher

Die Gesänge des *„Festbüchleins"* fanden auch als Dichtung weite Verbreitung. Sie wurden schon sehr früh zusammen mit den Parabeln in zahlreichen Lesebüchern - den sogenannten *„Musterbüchern"* oder *„Mustersammlungen"* - zusammen mit Werken von Goethe, Kleist, Klopstock, Schiller u.v. a. abgedruckt, z. B. in: *„Deutsches Musterbuch für die oberen Klassen an Gymnasien"*, Bamberg 1815 (mit 11 Beiträgen Krummachers) oder *„Mustersammlung aus deutschen Klassikern"*, Leipzig 1823/25 (mit sogar 19 Liedern und Parabeln).

Zuweilen schrieb Krummacher auch Choräle für spezielle Anlässe, so zur Konfirmation seiner Tochter Maria oder auf Bitten von Freund Natorp für eines seiner Schulliederbücher:

..."*Unsere Maria hat Ostern ihr Glaubensbekenntniß abgelegt, mit 30 anderen Kindern. - Ich hatte dazu einige Lieder gemacht, die von einem Chor gesungen wurden...*"[6]

feindlichen Heere waren zurückgedrängt bis zu uns
... Dorfe. Hier setzten sie sich fest, und hielten
... Winterquartiere. Alle Häuser waren voll Reu...
... von harter und roher Gemüthsart. Sie nah...
... die besten Kammern des Hauses, und man...
... Bewohner mußte auf dem Stroh schlafen in
... bittern Kälte; dazu verzehrten sie den Vorrat
... Jahres. Aber die Häuser vermochten nich...
... Menge zu fassen. So ward auch die Kir...
... efüllt mit Heu und Stroh und allerlei Krie...
... then und Rüstungen. Schlachtvieh und Pf...
... en an den Pfeilern angebunden. Es war ein
... Gewühl, und der Muthwille mißbraucht...
... e Orgel zu allerlei sündlichem Geleier, o...
... stümem Geräusch und verwirrendem Mi...
... es denen, die es hörten, durch die Seele
... zerrete jeder, der Lust hatte, an den ...
... g und Nacht. Ach, in dem stillen Gott...
... ein schreckliches Bild der menschliche...

Lese- und Liederbuch

Krummacher zum Stöbern – Auszüge aus seinen Werken
Peter Marx

I. Politische Kommentare: Die Weiheparabeln

Die folgenden drei Parabeln stellte Krummacher als unpaginierte Weihe-Parabeln seinen Ausgaben voran. Sie sind, worauf Hans Gerd Engelhardt aufmerksam gemacht hat, vor der Folie der politischen Zeitläufte leicht zu entschlüsseln: Sakontala ist die Widmungsempfängerin Königin Luise von Preußen selbst, der Brahmane der dichtende Pfarrer Krummacher. Die populäre Regentin und Hoffnungsträgerin der Preußen in der Napoleonzeit hatte in ihrer Kindheit zwei Sommer im Mülheimer Schloss Broich verlebt, 1787 mit 11 und 1791 mit 15 Jahren, jeweils vier bzw. fünf Monate lang. In der Parabel von 1805 bringt der Brahmane einen Korb einfacher Moose und Blumen aus dem Ruhrtal, vulgo: „jenem fernen Thal an der äußersten Grenze deines großen Gebietes, wo dein Fuß wandelte, als noch der erste Lenz deines Lebens dir lächelte." Die Königin nimmt das einfache Geschenk gerne an, da es sie an glückliche Kindertage erinnert.

Die zweite Parabel aktualisiert die Situation zwei Jahre später, 1807. Inzwischen sind die Franzosen im Ruhrtal und darüber hinaus, entsprechend hat im Parabel-Indien ein „furchtbarer Krieg hatte das Land verheert" und Freunde und Diener des Königs sind abtrünnig geworden; der Brahmane überreicht diesmal keine einfachen Blumen, sondern einen Edelstein als Symbol der Treue. Schließlich die nächste Ausgabe, 1814: der Feind ist besiegt und hat das Land wieder verlassen. Unser Brahmane war wegen der feindlichen Besatzung sieben Jahre in der Emigration, hat also nichts mitbekommen von den Geschehnissen, und will nun der Königin voll Freude über die Befreiung einen erneuten Besuch abstatten. Doch muss er am Palast erfahren, dass die Königin gestorben ist – Luise war ja 1810 sehr jung gestorben. So lesen sich die Weiheparabeln als zensurumsteuernde aktuelle Kommentare zum politischen Zeitgeschehen:

Luise, der allgeliebten, allverehrten Königin.

Das Geschenk des Bramen. Erste Parabel. 1805.

Sakontala, die liebenswürdigste und geliebteste aller Königinnen, die jemals Indiens Thron zierten, die holde Gattin des edlen Fürsten Wikrama, feierte einstmal den fröhlichen Tag ihrer Geburt. Und die Freude erscholl in den Hütten und Pallästen des ganzen Landes, aber lebendiger und zarter tönte ihr Laut in jeglichem Herzen.

Denn das Antlitz der Königin war schön und sanft, und der Blick ihres Auges strahlte milde und lieblich, wie die Abendsonne, wenn sie hinter das Gebirge sich neiget, und den Thau und Kühlung hernieder sendet, und die Berg' und Thale feuchtet von oben her. Also war auch das Antlitz Sakontala. Darum schauten Indiens Bewohner kindlich zu der unvergleichlichen Fürstin empor mit Liebe und Dank, und brachten köstliche Gaben allerlei Art, die schönsten Gewächse des Landes, und Salben und Gold und Edelsteine; andere aber fleheten Segen von Brama. Siehe, da trat zu den Feiernden, die sich in den Thoren der Fürstin versammelt hatten, auch ein Brame, der trug in seinen Händen ein Körblein von Binsen geflochten und einfaches Moos bedeckte den Rand des Körbleins. Da sprachen die Diener des Hofes, die in den Hallen standen: Wird sich der Brame dem Glanz des Thrones nahn mit seinem Körblein von Binsen geflochten und mit kräuslichem Moose verbrämt?...

Luise von Mecklenburg-Strelitz, Königin von Preußen (1776-1810)

Aber der Brame nahete sich freimüthig und stellete das Körblein zu den Füßen Sakontala und sprach: Siehe, du freundliche Herrscherin und Mutter deines Volkes, diese Binsen des Körbleins, und das zarte Moos der Hügel, und diese einfachen Blümchen sind jenem fernen Thale an der äußersten Gränze deines großen Gebietes entsprossen, wo dein Fuß wandelte, als noch der erste Lenz des Lebens dir lächelte. Also redete der Brame, und das Körblein stand zu den Füßen Sakontala. Da neigte die Königin ihr Antlitz und schaute auf das Körblein und auf die Blümchen, die es erfülleten. Und sie lächelte hernieder voll Anmuth auf die Blumen des Thales ihrer Jugend. Der

Brame aber kehrte in das einsame Thal zurück und die Herrlichkeit des Feldes dünkt' ihm schöner. Denn er hatte das lächelnde Antlitz Sakontala gesehn.

Also wagt es der Dichter an den Ufern der Ruhr und des Rheinstroms, der allverehrten und allgeliebten Königin einige einfache Blümchen seines Geistes und Herzens zu weihen. Denn entsprossen sie nicht dem Thale des treuherzigen Landes, wo Luise einst wandelte, und wo ein biederes Völkchen ihren Namen mit Liebe und Ehrfurcht nennt? O möcht' auch Luisens Lächeln die kleine Gabe zum Körbchen des Bramen heiligen! —

Der Edelstein. Zweite Parabel. 1807.

Sakontala, die schönste und liebenswürdigste unter den Königinnen Indiens, feierte den Tag ihrer Geburt mit Thränen und stillem Gebet zu Brama. Denn es hatte ein furchtbarer Krieg das Land verheert, und der Herrscher Indiens, ihr Gemahl, war ferne von ihr im Gewühl der Schlachten. Aber, was ihren Schmerz noch herber machte, viele der Getreuen des Landes waren im Streit gefallen, und andere Diener des Königs, obwohl er sie mit Wohlthaten und Ehre gekrönt hatte, waren abtrünnig und in dem Undank und der Feigheit ihres Herzens offenbaret worden zur Zeit der Gefahr. Darum weinete Sakontala im Stillen und der Tag ihrer Geburt war ihr wie ein Tag des Todes.

Da trat der dienenden Frauen Eine herein zu der trauernden Fürstin und sprach: Siehe, der Brame ist da, der dir die Blumen seines Thals überreicht. So sprach der Brame und setzte mit freundlicher Ehrfurcht ein Kästchen von Ebenholz zu den Füßen Sakontala. Herrlicher strahlte das edle Gestein in der dunkeln Umfassung. Da neigte die Königin ihr Antlitz und schauete auf das Kästchen und den edeln Stein, der es mit seinen Strahlen erfüllete. Und eine helle Thräne sank von ihren Wangen hernieder. Der Bramin aber kehrte in das einsame Thal zurück, und wandelte still und voll Wehmuth. Denn er hatte die Thränen Sakontala's gesehn.

Das Grab. Dritte Parabel. 1817.

Still und voll Wehmuth wandelte der Brame in seinem einsamen Thale und gedachte der geprüften duldenden Fürstin, siehe, da erhob sich von neuem ein furchtbarer Krieg. Der gewaltige Verderber brach auf von Abend her mit seiner wilden Heerschaar, das Land gegen Morgen zu verwüsten. Und was er mit Schmach und Hohn begann, gelang ihm, aber die Menschheit erseufzte.

Da fiehete der Greis Tag und Nacht zu Brama für Wikrama den Gerechten und für Sakontala, die holdselige Fürstin. Aber sein Gebet ward nicht erhört, und das Getümmel des Krieges wälzte sich wie ein Strom bis an das Thal des Brammen, und das Land erlag unter der Geißel des Drängers. Da floh der Brame trauernd in das wilde Gebirg' und wohnte zwischen den Felsen und verschmähete, ein menschlich Antlitz zu schauen. Denn seine Seele war voll Gram und wünschte zu sterben. Aber sein Wunsch ward nicht erfüllt und er wohnte einsam zwischen den Felsen mehrere Jahre lang.

Plötzlich erscholl ringsumher aus der Ferne ein freudiges Getön von Siegesjubel und Friedensgesängen mit Cymbeln und Drommeten. Da neigte sich der Greis mit seinem Angesichte zur Erde und betete an, stand auf und salbte sein Haupt und sprach: Ehe denn ich sterbe, muß ich den Sieg der Gerechten und das Antlitz der Königin schauen! Darauf füllte der Brame von neuem sein Körbchen mit den schönsten Frühlingsblumen des Thals und bedeckt' es mit den jungen Sprößlingen des Oel- und Palmbaums und dem duftenden Laube der zarten Myrthe. Nun wandte er eilends sein Angesicht zur Königsstadt, und wandelte schweigend zwischen den jauchzenden Schaaren des Volkes. Als er nun in die Thore des Pallastes trat, da erheiterte sich das Angesicht des Greises, und er that seinen Mund auf und sprach zu den Dienern des Königs: Geleitet mich zu der Königin, daß ich mein Opfer ihr bringe. Ich habe seit sieben Jahren die Welt nicht gesehen. Da er diese Worte geredet, sahen die Diener ihn an, und sie verstummten und weinten. Der Brame aber sprach: Was weinet ihr, und wie ist euer Angesicht verwandelt? Da antworteten die Diener und sprachen: Bist du denn ein Fremdling auf Erden, daß du allein nicht weißt, was geschehen ist? — Und sie führten ihn zu dem Grabe der Fürstin. Siehe, sprachen sie, ihr Herz ist gebrochen! — Und sie vermochten nicht mehr zu reden und weineten. Da verklärte sich das Angesicht des Greises, und sein Auge glänzte wie eines Jünglings, und er erhob sein Haupt und sah auf gen Himmel und sprach: Seh' ich nicht Brama's Thron und den Glanz des ewigen Lichtmeers, das ihn umschwebet! Und Sakontala ruhet vor ihm auf des Morgenroths duftigem Gewölk und blicket hernieder. — — Des versöhnten Vaterlandes reinstes Opfer strahlet sie nun als Priesterin des himmlischen Friedens. Verklärte, sieh, auch jetzt noch weih' ich dir die irdischen Blumen! —

Darauf schwieg der Greis und neigte sein Angesicht über das Grab und die Blumen. Da erhob sich ein lindes Säuseln; und Brama löste seine Seele.

II. Ausgewählte Parabeln

Das Krokodil.

In der grauen Urzeit wandelte eine Schaar Menschen aus ihren alten Wohnsitzen und zog hernieder in das Land, welches der Nil durchströmt. Sie freuten sich des herrlichen Stromes und seines lieblichen Gewässers und bauten Wohnungen an seinen Gestaden. Aber bald stieg aus seinen Fluthen das gewaltige Unthier, Krokodil genannt, und zermalmte Menschen und Thiere mit furchtbarem Gebiß. Da fleheten die Menschen mit lauter Stimme zu ihrem Gott Osiris, und baten ihn, sie von dem Ungeheuer zu befreien. Aber Osiris antwortete durch den Mund der weisen Priester und sprach: Ist es nicht genug, daß die Gottheit euch Kraft und Verstand verlieh? Wer sie um Hülfe anruft, ohne die eigene Kraft anzuwenden, flehet vergebens!

Nun ergriffen sie Schwerter und Stangen, und bestürmten das Ungeheuer in seiner Schilfwohnung; sie errichteten Schutzwehren und

Damme, und vollendeten in wenig Tagen Werke, die sie vorher sich nicht zugetraut hatten. Und so wurden sie der innern verborgenen Kraft sich bewußt, welche in spätern Zeiten die gewaltigen Pyramiden und Spitzsäulen gründete, und sie erfanden manche Kunst und manches Geräthe, die sie noch nicht gekannt hatten. Denn der Kampf mit dem Feindseligen weckt und starket die schlummernden Kräfte des Menschen. Aber noch fehlt es den Nilanwohnern an Werkzeugen, um das bepanzerte Ungeheuer in seinen Fluthen völlig zu besiegen. Sie konnten es nur auf kurze Zeit zurückdrängen, und hiermit begnügten sie sich. —

Allmählig aber verließ sie der Eifer des Widerstandes. Das Unthier wuchs und vermehrte sich, auch wurde seine Wuth je länger je furchtbarer. Da beschloß das thörichte und erschlaffende Volk, das Krokodil als Gottheit zu verehren. Man brachte freiwillig ihm fette Opfer, und das Ungeheuer ward mächtiger als je, aber das Volk versank in Stumpfsinn und Feigheit. Endlich bricht der überspannte Bogen, und den Tyrannen erreicht die Rache. Osiris nahm sich der Verlassenen an, und ermuthigte sie durch den Mund des weisen Priesters zu neuem Kampfe. Bald erscholl das Gestade von dem Rufe der Streiter, und der Strom ward roth von dem Blut der Erschlagenen. Schon begannen die Kampfer zu ermüden, da flehete der Priester und das bedrängte Volk Osiris um Hülfe an, und die Gottheit erhörte ihr Flehen. — Ein kleines Thier, Tezerdah* genannt, erschien an dem Ufer des Nilstroms. Seht, rief der Priester, hier sendet Osiris euch Hülfe. — Wie! spottest du unser? rief ihm die Schaar des Volkes entgegen. Da antwortete der Priester und sprach: Harret des Ausgangs und vertrauet der höheren Macht. In ihrer Hand vermag das kleinste Mittel die größte Noth zu enden! Die Zahl der schrecklichen Nilungeheuer nahm bald sichtbarlich ab. Das Volk sah mit Bewunderung dem kleinen Thiere zu, wahrend es in stiller Emsigkeit den Eiern und der Brut des Krokodils nachspürte. Also zerstörte es in kurzer Zeit die Keime von hundert furchtbaren Niltyrannen und befreite das Land von seiner Plage, was so viele Köpfe und Hände nicht vermocht hatten.

* Gewöhnlich Ichneumon, oder Pharaonsmaus

Seht, sagte darauf der weise Priester, wollet ihr ein Uebel vernichten, so greift es im Keim und in der Wurzel an. Dann wird ein kleines Mittel leicht bewirken, was späterhin ein Heer nicht vermag.

Die Katze.

Zween weise Männer, welche die Natur erforscht hatten ihr Lebenlang, und täglich alle Geschöpfe untersuchten, und von jeglichem zu reden wußten, saßen eines Tages bei einander und redeten vom Vieh, vom Gewürm, und von den Fischen und Vögeln, auch von allerlei Bäumen, von der Ceder auf dem Libanon bis zu dem Ysop, der aus der Wand wächset. Und sie waren beide eines Sinnes und priesen einer den andern. Endlich kamen sie auch zu reden auf die Natur und das Wesen der Katze; da entzweiten sie sich und haderten sehr. Denn der eine sagte, sie sei das allerschändlichste und schädlichste Unthier, heimtückisch und bösartig; von Gemüthsart ein Tiger, so auch an Gestalt, obwohl nicht an Größe und Kraft, als wofür man dem Himmel nicht genug danken und preisen könne. — Aber der andere sagte, sie sei dem Löwen an Großmuth und edler Sinnesart, auch an Gestalt zu vergleichen; reinlich und anschmiegend, und eben darum eine Feindin des schmutzigen und zudringlichen Hundes, und das allerheilsamste Hausthier, wofür die Menschen den Himmel nicht genug preisen könnten. Darob entrüstete jener sich sehr, denn er war ein Freund der Hunde, und berief sich auf das Hündlein Tobias, und des Odysseus und des großen Königs. Jener aber setzte ihm die Katzen des Weltweisen entgegen, der die beste Welt in das Licht gestellet, und andern an Weisheit es zuvorgethan.*

*Leibnitz, der die Katzen sehr liebte

Und so gingen sie, ohne eines Sinnes zu werden, mit feindseligem Gemüth auseinander; der eine zu seinen lebendigen Vögeln, derer ihm die Katzen einige geraubt hatten, der andere zu den ausgestopften, die ihm zum größten Verdruß die Mäuse zernagten.

Also verhält es sich mit den Urtheilen der Leidenschaft und des Eigennutzes.

Tod und Schlaf.

Brüderlich umschlungen durchwandelten der Engel des Schlummers und der Todesengel die Erde. Es ward Abend. Sie lagerten sich auf einem Hügel nicht fern von den Wohnungen der Menschen. Eine wehmüthige Stille waltete rings umher; auch das Abendglöckchen im fernen Dörflein verstummte.

Still und schweigend, wie es ihre Weise ist, saßen die beiden wohlthätigen Genien der Menschheit in traulicher Umarmung, und schon nahete die Nacht.

Da erhob sich der Engel des Schlummers von seinem bemoosten Lager, und streute mit leiser Hand die unsichtbaren Schlummerkörnlein. Die Abendwinde trugen sie zu den stillen Wohnungen des müden Landmanns. Nun umfing der süße Schlaf die Bewohner der ländlichen Hütten, vom Greise, der am Stabe geht, bis zu dem Säugling in der Wiege. Der Kranke vergaß seiner Schmerzen, der Trauernde seines Kummers, die Armuth ihrer Sorgen. Aller Augen schlossen sich.— Jetzt, nach vollendetem Geschäft, legte sich der wohlthätige Engel des Schlummers wieder zu seinem ernsteren Bruder. Wenn die Morgenröthe erwacht, rief er mit fröhlicher Unschuld, dann preisen mich die Menschen als ihren Freund und Wohlthäter! O, welche Freude, ungesehen und heimlich wohlzuthun! Wie glücklich sind wir unsichtbaren Boten des guten Geistes! Wie schön unser stiller Beruf! So sprach der freundliche Engel des Schlummers.

Ihn sah der Todesengel mit stiller Wehmuth an, und eine Thräne, wie die Unsterblichen sie weinen, trat in sein großes dunkeles Auge. Ach, sprach er, daß ich nicht, wie du, des fröhlichen Dankes mich freuen kann. Mich nennt die Erde ihren Feind und Freudenstörer! O, mein Bruder, erwiederte der Engel des Schlafes, wird nicht auch beim Erwachen der Gute in dir seinen Freund und Wohlthäter erkennen und dankbar dich segnen? Sind wir nicht Brüder, und Boten Eines Vaters? —So sprach er, da glänzte das Auge des Todesengels, und zärtlicher umfingen sich die brüderlichen Genien.

Ildefonso-Gruppe. Lessing sah darin Hypnos und Thanatos, Schlaf und Tod.

Die Pfirsiche.

Ein Landmann brachte aus der Stadt fünf Pfirsiche mit, die schönsten, die man sehen konnte. Seine Kinder aber sahen diese Frucht zum erstenmal. Deshalb wunderten und freueten sie sich sehr über die schönen Aepfel mit den röthlichen Backen und zartem Flaum. Darauf vertheilte sie der Vater unter seine vier Knaben, und eine erhielt die Mutter.

Am Abend als die Kinder in das Schlafkammerlein gingen, fragte der Vater: Nun, wie haben euch die schönen Aepfel geschmeckt? Herrlich, lieber Vater, sagte der Aelteste. Es ist eine schöne Frucht, so säuerlich und so sanft von Geschmack. Ich habe mir den Stein sorgsam bewahrt, und will mir daraus einen Baum erziehen. Brav! sagte der Vater, das heißt haushälterisch auch für die Zukunft gesorgt, wie es dem Landmann geziemt! — Ich habe die meinige sogleich aufgegessen, rief der Jüngste, und den Stein fortgeworfen, und die Mutter hat mir die Hälfte von der ihrigen gegeben. O das schmeckte so süß und zerschmilzt einem im Munde. — Nun, sagte der Vater, du hast zwar nicht sehr klug, aber doch natürlich und nach kindlicher Weise gehandelt. Für die Klugheit ist auch noch Raum genug im Leben. Da begann der zweite Sohn: Ich habe den Stein, den der kleine Bruder fortwarf, gesammelt und aufgeklopft. Es war ein Kern darin, der schmeckte so süß, wie eine Nuß. Aber meine Pfirsich hab' ich verkauft, und so viel Geld dafür erhalten, daß ich, wenn ich nach der Stadt komme, wohl zwölfe dafür kaufen kann. Der Vater schüttelte den Kopf und sagte: Klug ist das wohl, aber — kindlich wenigstens und natürlich war es nicht. Bewahre dich der Himmel, daß du kein Kaufmann werdest! — Und du Edmund? fragte der Vater. — Unbefangen und offen antwortete Edmund: Ich habe meine Pfirsich dem Sohn unsers Nachbars, dem kranken Georg, der das Fieber hat, gebracht. Er wollte sie nicht nehmen. Da hab'. ich sie ihm auf das Bette gelegt, und bin hinweggegangen. — Nun! sagte der Vater, wer hat denn wohl den besten Gebrauch von seiner Pfirsich gemacht? Da riefen sie alle drei: das hat Bruder Edmund gethan! — Edmund aber schwieg still. Und die Mutter umarmte ihn mit einer Thräne im Auge.

Das Nelkenbeet.

Mütterchen, gib uns jedem ein Blumenbeetchen, das uns zugehöre, mir eins und Gustav eins, und Allwina eins, und jeder pfleget dann des seinigen. So sprach der kleine Fritz zu seiner Mutter, und die Mutter gewährte ihm seine Bitte, und gab jedem ein Blumenbeet, voll schöner Nelken. Und die Kinder freuten sich über die Maßen, und sprachen: Wann erst die Nelken blühen, das wird eine Herrlichkeit sein! — Denn es war noch nicht die Zeit der Nelken, sondern sie hatten erst Knospen gewonnen. — Aber der kleine Fritz war ungeduldig in seinem Gemüth und konnte die Zeit der Blüthe nicht erwarten, und er wünschte, daß sein Blumenbeet zuerst vor allen andern blühen möchte. Da trat er hinzu und nahm die Knospen in seine Hand, und beschauete sie in ihren Windeln, und freute sich sehr, wenn aus der grünen Hülle schon ein Blüthenblättchen roth oder gelblich hervorschimmerte. — Aber es währte ihm zu lange. Fritz brach die Knospen auf und lösete die Blättchen allzumal auseinander. Nun rief er mit lauter Stimme: Sehet, meine Nelken blühen! — Allein als die Sonne darauf schien, neigten die Blumen ihre Häupter, und trauerten und standen zerzauset und welk, ehe es Mittag war. Und der Knabe weinete um sie. Aber die Mutter sprach: Ungeduldiges Kind! mögen dies die letzten Freuden deines Lebens sein, die du durch eigene Schuld dir verderbest. Dann hast hu die schwere und große Kunst zu warten nicht zu theuer erkauft. —

Die Biene und der Schmetterling.

Ein Bienenvater führte seinen jüngern Freund in seine Bienenhütte, und zeigte ihm die wundersame Thätigkeit des kleinen Völkchens. Unterdeß flatterte ein herrlicher Schmetterling hinzu. Der Glanz des Goldes, die Bläue des Himmels und der Purpur der Abendröthe flossen auf seinen großen Flügeln in einander. Er wiegte sich auf einer Blume, und schwebte dann vorüber. Welch ein schönes Geschöpf! — rief der Bienenvater, — und er entwickelte sich aus einer kriechenden Raupe! — Da wunderte sich der Freund des Mannes und sprach: Ich glaubte, ihr Bienenfreunde hättet nur ein Herz für eure Bienenkörbe, und übersähet die andern Gaben der Natur! Freund, erwiederte der Bienenvater, ich liebe die Bienen nicht aus Eigennutz, blos um des Vortheils willen, den sie mir bringen. — Nur die niedern Neigungen verengen das Herz des Menschen und machen ihn einseitig. Aber je inniger er sich der Natur mit Liebe anschließt, um desto mehr erweitert sich sein Herz, und sein Auge erhellt sich für jegliches Schöne und Gute, das ihn umgibt. —

Aber, fuhr der Freund fort, der schönste Schmetterling läßt sich doch nicht mit der emsigen, nützlichen Biene vergleichen. . . . Da zeigte der Bienenvater auf die summenden Körbe und sprach zu seinem jüngern Freunde: Mein Lieber, hier hast du das Bild des thätigen Lebens in seinen Beschränkungen, des gebundenen Geistes in seinem irdischen Wirken. Dort das Bild des einwickelten Geistes in seiner Freiheit und Erhebung über dem Staube. Darum schmückten auch die freisinnigen Bildner des Alterthums die reine entwickelte Seele mit den Flügeln des Schmetterlings. — Freilich ein Bild und Gleichniß! — erwiederte jener — aber vermochte denn die Natur nicht, das Schöne mit dem Nützlichen zu vereinen? — Da antwortete der Bienenvater ein wenig mit Unwillen: Soll denn das Geistige und Höchste immer an die Erde gefesselt und das Göttliche zu irdischen Zwecken hinabgezogen werden? Das hieße, seine göttliche Natur entadeln. —

Die Nachahmer.

Der Frühling war erschienen und die erste Nachtigall sang unter dem Schatten der frischbelaubten Haselstauden. An einen Baum gelehnt horchte Menalkas, der fromme Hirt, ihrem Liede. — Da nahete sich plötzlich ein wilder Schwarm von Knaben, und sie stellten sich umher und lauschten eine kurze Zeit. Bald aber sprachen sie unter einander: Nun ist es an uns! — Und sie zogen mit Wasser angefüllte Scherben hervor, in der Gestalt eines Vögleins aus rohem Leimen gebacken, woran ein kleines Pfeifchen sich befindet, so den Triller der Nachtigallen nachäffet. Dieses brachten sie an den Mund und bliesen hinein und erhuben ein gewaltiges Pfeifen. Und sie meineten es der Nachtigall gleich zu thun. Aber die Nachtigall verstummte und flog in das einsame Gebüsch zu einem murmelnden Bächlein. Und Menalkas, der fromme Hirt, folgte ihr zu dem Gebüsch und horchte von neuem. Die Buben aber zogen wieder in die Stadt, und die Straßen ertönten von ihrem Pfeifen. — Und die Bewohner verschlossen die Fenster vor dem Getöse. Also sprießet leichtlich neben der herrlichen Kunst das klägliche Machwerk.

Der Apfel.

Es war ein reicher Mann an dem Hofe des Königs Herodes, der war sein Oberkämmerer und kleidete sich in Purpur und köstliche Leinewand, und lebte alle Tage herrlich und in Freuden. Da kam zu ihm aus fernem Lande ein Freund seiner Jugend, den er in langen Jahren nicht gesehen hatte. Und der Kämmerer stellte ihm zu Ehren ein großes Gastmahl an, und lud alle seine Freunde. Auf den Tischen aber standen viele herrliche Speisen in Gold und Silber, und viele köstliche Gefäße mit Salben und Wein von allerlei Art. Und der reiche Mann saß oben am Tisch und war guter Dinge, und zu seiner Rechten saß sein Freund, der aus fernem Lande gekommen war. Und sie aßen und tranken und wurden satt. —

Da sprach der Mann aus fernem Lande zu dem Kämmerer des Königs Herodes: Solch eine Herrlichkeit und Pracht, wie in deinem Hause, erscheint mir nicht in meinem Lande weit und breit! Und er rühmete alle Pracht, und preisete ihn glücklich vor allen Menschen auf Erden. Aber der reiche Mann, der Kämmerer des Königs, nahm einen Apfel von einem güldenen Gefäße. Der Apfel aber war groß und schön und röthlich von außen wie Purpur. Und er nahm den Apfel und sprach: Siehe, dieser Apfel ruhete auf Gold und seine Gestalt ist sehr schön, und reichte ihn dem Fremdling und Freund seiner Jugend. Der Fremdling aber durchschnitt den Apfel, und siehe! in seiner Mitte war ein Wurm! — Da schauete der Fremdling seitwärts zu dem Kämmerer hin. — Der Oberkämmerer aber blickte hernieder zur Erde und seufzte.

Der Morgentraum.

Ein kleiner Knabe, Namens Leopold, kam des Morgens hernieder aus seinem Schlafkämmerlein und weinete bitterlich, also, daß ihm die hellen Thränen über die Wangen liefen. Sein Vater aber und seine Mutter traten bestürzt hinzu. Denn sie meinten, es sei dem Kinde ein großes Uebel begegnet, oder es sei krank und empfinde heftige Schmerzen und Reißen im Haupt oder in den Gliedern. Und sie fragten das Kind und sprachen: Liebes Kind, was fehlet dir? wer hat dir was zu Leide gethan? — Da that das Kind seinen Mund auf und sprach: Ach, ich hatte vorher zwölf niedliche weiße Schäfchen, und sie gingen um mich her und leckten mir die Hand und ich saß unter ihnen mit einem Hirtenstab. Aber nun sind sie alle fort und ich weiß nicht, wo sie geblieben... Als es dieses gesagt hatte, begann es von neuem bitterlich zu weinen. Da merkten die Eltern die Noth des Kindes und daß es ein Traum gewesen, und sie lächelten unter einander heimlich. Der Vater aber sprach: Wir lächeln wohl, Mutter, und doch sind unsere Seufzer und Unmuth oft die Thränen des Kindes, und unser Wünschen und Verlangen — gleichet es nicht oftmals Polly's Traumen?

Polly aber war noch immer sehr betrübt um die zwölf Schäfchen. Da berathschlagten die Eltern ernstlich, was zu thun sei, und der Vater erhob sich und sprach: Polly, ich will gehen und deine Schäfchen suchen. Und er ging und kaufte ein Lamm und brachte es und stellete es so, daß der Knabe es sah. Da ward der Knabe sehr erfreut und lief hinzu und herzte das Lammchen und sprach: Ja, das ist es, das ist es, eben so sah es aus! Und er war sehr erfreut, aber von den eilf andren Lammern sagte er nichts, und begehrete ihrer nicht.

Da lächelte der Vater abermals und sagte zu der Mutter: In Träumen und Thranen gleichen wir Großen wohl dem kleinen Polly. Möchten wir nur auch in Genügsamkeit und bescheidener Freude an dem Kleinen und Wenigen ihm ähnlich sein! —

Das Rothkehlchen.

Ein Rothkehlchen kam in der Strenge des Winters an das Fenster eines frommen Landmanns, als ob es gern hinein möchte. Da öffnete der Landmann sein Fenster, und nahm das zutrauliche Thierchen freundlich in seine Wohnung. Nun pickte es die Brosamen und Krümchen auf, die von seinem Tische fielen. Auch hielten die Kinder des Landmanns das Vöglein lieb und werth. Aber als nun der Frühling wieder in das Land kam und die Gebüsche sich belaubten, da öffnete der Landmann sein Fenster, und der kleine Gast entfloh in das nahe Wäldchen, und bauete sein Nest und sang sein fröhliches Liedchen.

Und siehe, als der Winter wiederkehrte, da kam das Rothkehlchen abermals in die Wohnung des Landmanns, und hatte sein Weibchen mitgebracht. Der Landmann aber sammt seinen Kindern freuten sich sehr, als sie die beiden Thierchen sahen, wie sie aus den klaren Aeuglein zutraulich umherschauten. — Und die Kinder sagten: Die Vögelchen sehen uns an, als ob sie etwas sagen wollten!

Da antwortete der Bauer: Wenn sie reden könnten, so würden sie sagen: Freundliches Zutrauen erwecket Zutrauen, und Liebe erzeuget Gegenliebe!

Die beiden Tonnen.

Eines Morgens, als der weise Diogenes sich aus seiner Tonne erhob, um die Sonne aus dem Meere emporsteigen zu sehen, bemerkte er mit Verwunderung, daß die Morgenröthe statt Einer Tonne deren Zwei umstrahlte. Ein vornehmer Jüngling hatte den Entschluß gefaßt, ein Weiser zu werden, wie der bewunderte und verspottete Diogenes, und in der Nacht seine Tonne gen Kenchraa*) gewälzt. Wohl, mein Sohn, sagte der Greis, ich sehe, die Weisheit hat an dir sich einen Jünger erbeutet. Der Jüngling lächelte über das Lob des verehrten Greises! Diogenes aber nahm seine Tonne, wälzte sie gegen das Meer und stürzte sie hinein. Da schwankte sie auf den Wogen dahin.

Der Jüngling erstaunte. Da sprach Diogenes: Ich habe an dir endlich einen würdigen Schüler gefunden. Vollende nun deinen Sieg über dich selbst. Verschreibe mir deine Güter, und ich will hingehen, und sie den Armen vertheilen. — Der Jüngling antwortete: Ich habe noch Einiges zu Hause zu beschicken! — ließ seine Tonne dahinten, und entfernte sich.

Da lächelte Diogenes und sprach: Die possirlichen Menschen! Sie meinen, es sei mit der Tonne genug! Aber sie täuschen sich selber; wie wollten sie gegen Andere wahr sein können?

So sprach er und begab sich in die neue Tonne.

Der vornehme Jüngling aber blieb daheim, und schämte sich, und fühlte, daß er nicht eher als jetzt den ersten Schritt zur Weisheit gethan habe.

Das Kornfeld.

Der Sommermond hatte die Saaten des Feldes gereift. Die vollen Aehren rauschten im Winde, und der Landmann war schon hinausgegangen zu sehen, ob er die Schnitter senden müsse. Er bedachte den Platz seiner Scheuer und berechnete in sich den Gewinn, den ihm der Reichthum seines Feldes bringen sollte. Denn er war reich; aber sein Herz war ungenügsam und karg und voll irdischer Sorgen.

Da nahete sich ihm der weise Lehrer der Gemeine, und sagte: Die Erde bringet auch dieses Jahr reichlich das Brod hervor. Die Aehren sind schwer und bald werden die Schnitter reiche Garben binden! Wohl wahr, erwiderte der Landmann, man hätte kaum ein gesegneteres Jahr erwarten mögen. Das Land wird die Aussaat vielfältig wiedergeben.

Da antwortete der edle Pfarrherr und sprach: Möchte denn auch der vernünftige Herr der Erde die todte Scholle, die er beackert, nachahmen. Sie empfängt nur des Saamens ein wenig, und erstattet ihn vielfältig. Der Mensch empfing so viel, und bringet oft so wenig. Diese

Rede traf das Herz des kargen Ackermannes, und er fühlte sich beschämt. Denn er war karg und voll Sorgen für die kommenden Tage und nur darauf bedacht, sich Schätze zu sammeln. Aber er verhehlte die innere Schaam und sprach zu dem Pfarrherrn: Wohl sollte Jedermann thätig sein, sein Hauswesen fein zu besorgen, damit er auch einst Andere erfreuen möge. Deshalb soll der Mensch im Schweiß seines Angesichts arbeiten, daß er sich selber das Nützliche reichlich hervorbringe, so wie die wohlbeackerten Felder die Aussaat vervielfältigen. Darum versammelt auch die Natur Aehre an Aehre auf den Gefilden, und das ganze Saatfeld scheint nur ein Halm zu sein.

Aber der Pfarrherr sagte darauf: Wohl ist die Gestalt des Kornfeldes einfach, und es reihet sich die Aehre an die Aehre, auf daß Viele versorgt werden. Aber die Zeit der Aussaat ist kurz, und das Korn wachset ohne menschliches Zuthun von selber und bringet den Halm und die Aehre, und die Tage der Aernte währen auch nur kurze Zeit. So mag denn der Mensch mit Muße sein Gefild beschauen, und die blaue Cuane und den rothglühenden Mohn und die Purpurblume betrachten, die zwischen den Halmen blühen, und die Lerche hören, die aus den Furchen zum Himmel emporschwebt. Denn nicht umsonst blühen jene und schwebet diese zwischen und über den einförmigen Halmen empor. Sie sollen den Herrn des Feldes erinnern, daß es noch etwas anderes gibt, als den Staub der Furche und die Aehre, die aus ihm emporwachst, damit er in dem Streben nach dem Nützlichen auch des Schönen und Guten gedenke, und von dem niedern Boden zu dem Höhern sich erhebe. —

Also redete der edle Pfarrherr. Aber den kargen Ackermann verdroß die Rede und er ging mit finsterer Stirn von dannen. Denn die gute Lehre des weisen Mannes dünket dem bösen Herzen ein herber Spott, und ist ihm eine bittere Wurzel.

III. Apologen und Paramythien

„Der leise Flug im stillen Meer des Lichts."

6. Helios und der Schmetterling.

Weshalb ward mir bei meiner Schwingen Pracht
Der Laut versagt, der tönend und von ferne
Der Biene Flug im Blüthenbaum verkündet?
So klagt' ein Schmetterling dem Sonnengott. —
Sanftlächelnd sprach der heitre Helios:
Minervens Vöglein und dem regen Fleiß
Geziemet wohl das tönende Gesumm
Zur Arbeit in der Blume und dem Stock.
Dem geistigen Gebilde Psyche's ziemt
Der leise Flug im stillen Meer des Lichts.

8. Der Marder, der Iltis und die Henne.

Ein Marder schlich sich in die Tenne,
Und raubte tückisch einer Henne,
Die sich zum Brüten fertig machte.
Zwei dutzend Eier, gieng und lachte
Der armen Henn' in ihrer Noch,
Und fraß den Raub zum Morgenbrod.

Nur eines hatt' er nicht genommen.
Sie sah es an und sprach beklommen:
Nun ist mein ganzer Trost zerstöret!
So seufzte sie. Ein Iltis höret

Die Henne klagen, schleicht hinzu,
Und spricht: Was, liebe, weinest du?
Die Henne klagt' ihm. ihre Leiden.
Der Heuchler sprach: Es fehlt an Freude
Dem Frommen nie. Du mußt dich fassen!
Der Himmel wird dich nicht verlassen.
Getrost! Auch Trübsal eilt vorbei! —
Er sprachs und nahm das letzte Ei.

Da rief erfüllt von bitterm Grimme
Das arme Huhn mit lauter Stimme:
Nun soll kein Tröster mich mehr plagen!
Das, sprach der Schalk, hat nichts zu sagen!
Jetzt geht dich alle Welt vorbei,
Ich habe ja dein letztes Ei.

11. Der Frosch und der Schwan.

„Uns allein und einzig von den Thieren,
Die nach alter Sitt' auf allen Vieren
Gehen, hüpfen, schleichen, springen,
Und den Kopf zur Erde neigen,
Uns allein von allen ist es eigen,
Obwohl vierbeinig, doch zu singen!"
So rühmt' ein Frosch dem Schwan.
Apollons Vogel sprach:
Ihr singet auch darnach.

14. Der Pfau und der Haushahn.

Ein eitler Pfau sprach einst zu einem Hahn:
Ein jeder schaut mich mit Bewundrung an;
Allein, wer hatte nicht auch etwas auszusetzen?

Der eine tadelt mein Geschrei,
Ein anderer sagt, mein Schenkel sey
Nicht schön, anstatt am Glanz sich zu ergötzen,
Womit mein Schweif im Sonnenschein
So herrlich prangt. Wie kann man so vermessen
Und ungerecht in seinem Urtheil seyn?
Man sollte dankbar sich des Schönen freun!

Mein lieber Pfau, fiel ihm der Haushahn ein,
Man würde gern Geschrei und Fuß vergessen,
Allein du willst gepriesen seyn,
Und jedem mit Gewalt gefallen,
Und so, mein Freund, mißfällst du allen.

IV. Festbüchlein, Bd. 1, Der Sonntag

Der Spaziergang.

Am Nachmittage gegen den Abend, als es kühle zu werden begann, giengen der Meier und seine häusliche Gesellschaft in die Gärten und auf die Felder. Es war aber besonders für die Meierin ein festlicher Gang, wenn sie mit ihrer Hausgenossenschaft und den Gästen auf den schmalen Feldwegen einherwandelte, und die hohen Halmen und Ähren bis zu ihren Häuptern wallten, oder die Zweige her Obstbäume sich zu ihnen tiefer hinab neigten. Sie wußte von jeglichem Baum und jeglichem Felde einiges zu erzählen, und den fortschreitenden Wachsthum eines jeden genau zu bezeichnen, weil sie nicht alle Tage sie sah. — Dann pflegte der Meier wohl zu sagen: Das heiße ich eine rechte Sabbathsruhe, wo man von dem ganzen wöchentlichen Werke im Hause und Felde mit Wahrheit sagen darf: „Er sah an alles, was er gemacht hatte, und siehe, es war alles sehr gut!"

Da erzählte eines Tages auf einem solchen Spaziergang der alte Großvater von dem Tode seines Vaters. Es wird nun bald wieder jährig, sagte er, als er starb. Er hatte sein acht und siebenzigstes Jahr erreicht, und blieb munter bis an seinen Tod. In seinem Leben hatt' er manches erduldet vom Kriege und bösen Zeiten. Aber er war aus allen Vorfällen mit gestärktem Muth hervorgegangen. So hatte er auch ein rechtes Aussehen wie ein Kriegesheld. Als nun sein Todestag erschien, waren wir alle um ihn; er saß in dem Großvaterstuhl, den ihr wohl kennet. Wir standen um ihn her im Halbkreise und waren sehr bekümmert.

Da erhellete sich mit einmal sein Auge, und er sagte: Kinder, heute ist mein Sonntag! So seyd denn fröhlich und gutes Muths. — „Was der Mensch säet, das wird er ärndten!" fuhr er fort. Ich habe nach meiner Schwachheit mit Gottes Beistand und Seegen guten Saamen gesäet. Warum sollt' ich dessen nicht mit Demuth und Dankbarkeit gedenken, da nun der Ärndtetag herannahet. So uns unser Herz nicht verdammet, so haben wir Freudigkeit zu Gott. — Kinder, mein

Herz verdammet mich nicht, und ich habe Freudigkeit zu meinem Gott und Vater. Ich bin thätig gewesen in meinem Leben, so viel ich vermochte. Ich habe euch angeführt zum Guten, und ich bin euch mit eigenem Beispiel vorangegangen. Dabei habe ich manches erduldet und manchen Schweißtropfen auch manche Thräne vergossen. Nicht, daß ich mich dessen rühmen wollte, sage ich dieses, sondern Gott allein gebühret die Ehre, und seine Gnade ist es, die mich also geleitet hat. Darum dank' ich ihm am Abende meines Lebens für alles, auch vor allem für jegliche Trübsal und Züchtigung, die er mir zugewendet. Er hat mir geholfen bis hieher, so wird er auch ferner mir gnädig seyn und mir meine Fehler und Sünden vergeben. Die Saatwoche ist nun vorbei, und mein Sonntag kommt. Ich werde nun bald das irdische Arbeitskleid ablegen und neu bekleidet werden. Kindlein, betet für mich. — Darauf sagte er noch einmal: Kindlein — mein Sonntag! — er dämmert auf dem Gebirge! — Als er diese Worte gesprochen, verschied er so sanft und freundlich, als ob er um einen guten Morgen geboten hätte. — Wir standen und weinten. Da breitete der Pfarrer seine Hände über den Tobten aus und sprach: Seelig sind die Todten, die in dem Herrn sterben. Sie ruhen von ihrer Arbeit und ihre Werte folgen ihnen nach.

Es kommt mir seitdem kein Sonntag, sagte der alte Vater, wo ich nicht des großen Ruhetages gedächte. — Alle waren gerührt, als der Greis dieses zwischen den blühenden Kornfeldern erzählte. — So führten sie auch noch mancherlei andere Reden.

Das Flachsfeld.

Nachdem sie nun alle Aecker und Felder des Meiers beschauet hatten, kehrten sie zurück, und als das Pfädlein durch ein blühendes Flachsfeld führte, da sprach die Meierin: Ihr Männer stehet doch auch hier einen Augenblick still, und schauet mein Feld an! Und sie sahen mit Vergnügen, wie der Flachs so hoch und schlank gewachsen war, und wie er herrlich blühete, gleichsam wie ein blauer Himmel zu ihren

Füßen. Sehet, sprach die Meierin, das möget ihr wohl mit Recht ein Sonntagspflänzlein nennen. Steht nicht jedes Hälmchen geschmückt wie eine Braut im Kirchstuhl? Und woget es nicht so schlank und zierlich, wie die Mädchen, wenn sie auf grünem Anger den Ringeltanz beginnen? Aber seht, es ist auch zugleich ein Frauenkräutchen, und ein Sonntagspflänzchen. Aus ihm bereiten wir Weiber euch euren schönsten Sonntagsstaat, die reine erfrischende Leinewand, wovon man mit Recht sagt, sie sey ein heimlicher Schatz in den Schränken. — Dann sagt Ihr, es gemüth' euch, als ob ihr neu geboren wäret. Ja, sagten die Männer, es glänzet auch nichts so schön in der Kirche, als die saubere weiße Leinewand. Es ist kein eiteler Pütz und Mode daran, sondern die schlichte, zierliche Reinlichkeit. Die Frucht und der Schmuck der Arbeitsamkeit! — sagte die Meierin. Und das Sinnbild der fröhlichen Unschuld und Herzensreinheit, setzte der Meier hinzu, — also recht geeignet zum Sonntagsschmucke. — Darum trägt ja der Pfarrherr auf seinem schwarzen Rock, welcher andeutet, daß er allen irdischen Glanz und Eitelkeit verschmähet, doch auch das weiße Befflein, zum Zeichen reiner Lehre und fröhliches Sinnes. — Darauf sagte die Meierin zu den Mädchen! Singet mir einmal das Flachsliedchen. Wir müssen hier bei meinem Feldchen nicht ohne Sang und Klang vorüber gehen. Da sangen die Mädchen:

Der blühende Flachs

Auf kommt in die Felder und blühenden Aun
Das liebliche Pflanzchen der Mädchen zu schaun!
Es wachset und grünet so freundlich und zart,
Jungfräulich-bescheiden in eigener Art.

Laut rauschet vom Golde der Aehren das Land.
Still grünet das Pflänzchen in schlichtem Gewand;
Doch trägt es ein Krönlein von himmlischem Blau,
Des Krönleins Gestein ist der funkelnde Thau.

Erst barg es die Erde im kühligen Schooß,
Da zogen die freundlichen Lüftchen es groß.
Nun woget und wallet es lieblich und schlank.
Du Erde, ihr Lüftchen, habt freundlichen Dank!

Bald tragen wir sorglich das Pflänzchen hinein,
Dann schmückt es den Rocken mit silbernem Schein;
Wir singen zum tönenden Rädchen, und drehn
Die Fädchen wie Seide so glatt und so schön.

Wenn draussen die Felder erstarren von Eis,
Dann ruft uns das Pflänzchen zum traulichen Kreis.
Jetzt blühend und grünend ergötzt uns sein Glanz,
Dann schlingt es uns selber zum blühenden Kranz.

Drum kommt in die Felder und blühenden Aun,
Das liebliche Pflänzchen der Mädchen zu schaun!
Es grünet und blühet so freundlich und zart,
Jungfräulich, bescheiden in eigener Art.

V. Aus: Die Kinderwelt. 3. Gesang: Der Sommer.

Der Kirschenschmaus.

O, welche Wonne für der Eltern Herz,
Wenn angeschickt zum frohen Kirschenschmaus
Hinauszugehn, ihr Auge um sich blickt
Im Kreis des kleinen wimmelnden Geschlechts,
Und dann der Zahl kein einzig Köpflein fehlt!

Ein strohern Hütchen — glänzt es nicht wie Gold?
Doch drunter schöner strahlt der Bäckchen Roth! —
Beschirmt des Mägdleins Antlitz — Also will
Die Mutter es — indeß vor Sonnenstich
Den zarten Arm das weiche Leder schützt
So geht es sinnig an der Mutter Hand.
Allein vorab mit lautem Jubelschrei
Enteilt und hüpft der braune Knabenschwarm,
Und sympathetisch tanzt um sie der Hund.
So kommen sie zum frohen Kirschenschmaus.'

Hoch ragt der Baum: es neiget sich zum Mund
Hinab der volle Zweig; im leisen Wehn

Des Sommerlüftchens schwankt das volle Reis,
Und röthlich aus des Laubes Hülle blinkt
Des Baumes süße Frucht im Ueberfluß.
Wer sie beschaut, dem lechzet wohl der Gaum,
Doch wer genießt, dem ist es Labekost,
Vom Druck der Zunge schmilzt das zarte Fleisch.

Wie bist du doch so mütterlich, Natur!
Du giebst so viel, und giebst zu rechter Zeit!
Du kühlst des Sommers Gluth mit milder Frucht
Und eh im Winterfrost die Erd' erstarrt
Bereitest du des Weines Göttertrank,
Das Menschenherz erwärmend zu erfreun.

Sieh! itzt erklimmt des Knaben kühne Kraft
Des Baumes Höh' und gleich dem Wiedewall' *)
Miaut und singt er pflückend, und erzählt
Dabei von Robinson, wie dieser einst
Auf einem Zweig geschlafte und geträumt
Und nun Hals über Kopf hinunterfiel!
Dann zieht er aus dem Mährlein die Moral:
Zum Schlafen sei das Bett und nicht der Baum,
Drum müsse man auf Bäumen wacker sein.

Indeß, wie fröhlich auch des Knaben Lust
Im Kirschbaum lacht und predigt; sorgenvoll
Sitzt doch im Gras die Mutter, schaut hinauf
Voll Angst und Unruh, warnt und fleht — umsonst!
Ihn kümmert nicht im höhern Element
Der Mutter Angst. So ist des Knaben Art
Er strebt empor und will ins Weit' hinaus.
Das Büblein selbst, das wackelnd kaum sich regt,
Klimmt unbemerkt auf Stuhl und Tisch und ruft
Frohlockend dann der zitternden Mama:
„So groß bin ich!" indeß auf ebnem Grund
Das Schwesterchen sein liebes Döldlein' schmückt.

Ein wackrer Muth und kühner Sinn geziemt
Dem Knaben wohl und steht ihm an! Zur Höh
Führt ihn sein Trieb, von jäher Felsenwand
Schaut er hinab mit festem Blick und hüpft
Von Schlucht zu Schlucht. So bildet die Natur
Im Hochgebirg den hohen festen Sinn.

---

*) Wiedewall oder die Golddrossel (Uriolu«), ein sehr schöner Vogel, der vorzüglich gern Kirschen isst und ein katerartiges Geschrei macht. K.

VI. Das Wörtlein UND. Eine Geburtstagsfeier

Aus dem komplexen Reflexions- und Sprach-Spaß-Stück wählen wir hier zwei Erzählungen des Forstrates:

So wiederholen sich in jedem Menschenleben die ABERS, und kommen Einem grade da in die Quere, wo man es am wenigsten vermuthete, und zerstörten die geliebten und sorgsam gepflegten UNDs, ehe man sich dessen versiehet. Welches noch so einfache Menschenleben hätte nicht Ereignisse aufzuweisen, die dieser Wahrheit zum Belege dienen können? So meinte ich auch einmal *Ministre des mines, des eaux et des forêts* zu werden und so ungefähr die Hauptstücke der Welt zu dominieren. Ich war im Auslande; man hatte mich meinem ehemaligen Landesherren empfohlen. Ich wurde hinbeschieden. Ich konnte die Zeit nicht abwarten, bis der Schneider die neue schwarze Levantine fertig hatte. Ich zog sie an, stellte mich vor den Spiegel, und nannte mich ganz leise: Ihre Excellenz. Darauf packte ich die Levantine ein, und fort zur Residenz. Ich meldete mich zur Audienz, und wurde auf den andern Tag beschieden. Der Hof, und noch mehr ich selbst, betrachtete mich schon als den Günstling des Fürsten. Aber siehe, in der Nacht kamen wichtige Depeschen; am Morgen war der Fürst fort, er hat sein Ländchen nie wieder gesehen; da saß ich mit meiner Levantine und meinen Hoffnungen. Indeß gieng ich auf den Markt, wo die Pferde der Landeshusaren verkauft wurden. Spottwohlfeil, dünkte mir. Ich dachte an die Beschwerden der Postwagenreise, ich wünschte schnell das Land meiner gescheiterten Wünsche zu verlassen, ich hatte für einen Freund eine Summe Geldes eincassirt, ich bot, ich hatte den Husarengaul, ließ abfüttern und wollte aufsitzen. Das erste ABER war, daß es entsetzlich schwer hielt, den Gaul aus dem Stall zu bringen. Ich hielt dies für Vaterlandsliebe und der Werth des Pferdes stieg in meinen Augen, es war mir beinah rührend; aber ich bemerkte nur gar zu bald nachher, daß es eine eigentliche Weltscheu war, wozu freilich der Gaul auch seine guten Gründe hatte, wie sich bald zeigte. Endlich gieng es zum Thor hinaus auf die Heide. Hier stand mein Gaul, wie angenagelt. Er wollte ein

Bedürfnis befriedigen, aber vermochte es nicht. So mußte ich eine Stunde ihm zupfeifen, daß mir die Lippen wehe thaten. Endlich war auch diese Noth überstanden; im nächsten Dorf gab ich den Patienten dem Pferdearzt oder Hufschmied in die Kur, und hatte hier Zeit, meine Excellenz mit Muße zu betrachten. Den andern Tag sollte die Versäumnis nachgeholt werden, auch wollte ich dem innern Unmuth durch einen raschen Trab Luft machen. Aber nun keuchte der Gaul so entsetzlich, als ob er eine 12pfündige Kanonenkugel in der Gurgel gehabt hätte. Der nächste Hufschmied belehrte mich, daß es in der That eine Kugel jedoch nur eine Büchsenkugel sey, die, wie sich nachher erwies, ein Wilddieb dem armen Thier in die Luftröhre geschossen hatte, und die auch der Grund seiner Weltscheu und Stallliebe sei. Jetzt seufzte ich, als ob ich nicht minder eine bleierne Kugel auf dem Herzen gehabt hätte, und so kam ich nach einer langen Reise unter Seufzen und Pfeifen endlich in der Heimath an. Ich hatte eine Levantine, und habe sie noch, aber ich war kein *Maître des eaux et des forêts*; ich hatte ein Pferd, aber das Pferd hatte zwei Gebrechen, ein natürliches und ein künstliches, und dazu die unüberwindliche Weltscheu und Liebe zum Stall. Das mir anvertraute Kapitälchen war hin. Ich mußte mich bei meiner Frau krümmen und biegen, wenn es mir nicht eben so gehen sollte, wie dem Jungen mit dem Schock Brillen im Dorfprediger von Wakefield. Wozu nun die neue Levantine? sagte meine Frau, und mein Gewissen sagte dann leise aber viel bitterer: Und wozu das alte Pferd? - Kurz, meine Freunde, sagte der Forstrath, die Levantine hängt seitdem in meinem Kleiderschrank, - aber auch so thut sie mir die nehmlichen Dienste, wie Yorik seine Lorenzhose, nur auf etwas andere Art. Sie erinnert mich, auf die selbstgeschaffenen UNDs ein Auge zu haben, und der ABER's, die das Schicksal jenen entgegen zu stellen pflegt, eingedenk und gewärtig zu seyn. Das habe ich auch bisher gehalten, und zur Dankbarkeit heißt meine Levantine, die ich samt ihrer Geschichte meinen Knaben aubewahren will, - die *Lorenzohose*. - (...)

Dieses ABER hat unser Freund in seiner eigenen Geschichte uns deutlich und schön dargestellt, und wenn er, durch Mißgeschick,

„Hier stand mein Gaul, wie angenagelt. Er wollte ein Bedürfnis befriedigen, aber vermochte es nicht."

statt des verdienten Ministerpostens nichts als die selbstgekaufte Lorenzohose davon trug, so haben wir uns Glück zu wünschen, weil wir sonst unsern Freund nicht in unserer Mitte sehen würden. Und ich denke, er selbst hat auch mehr dabei gewonnen, als verlohren. Aber es wäre schön, wenn Jemand uns das Gegenstück zu jenem ABER, nehmlich das UND aus seiner Lebensgeschichte geben könnte. -

Der Forstrath nahm darauf wieder das Wort, und sagte: Aus meiner eigenen Lebensgeschichte nicht. Denn diese ist reicher an ABERs als UNDs, reicher an *downs*, wie die Engländer sagen, als an *ups*. - Aber, seltsam! wen das Schicksal auf die eine oder andere Art ausgezeichnet hat, dem begegnet auf seinen Wegen leichtlich das Gegentheil von dem, was er selbst ist. So etwa, sagte der Pfarrer, wie Lazarus vor der Thür des reichen Mannes lag. Allerdings, fuhr der Forstrath fort. So begegnete Alexander, als er die Eroberung der Welt im Kopf trug, Diogenes in seiner Tonne; als er, nach Tyrus Zerstörung, in Sidon einzog, ein König, der den Kohl bauete, in Indien die genügsamen Braminen usw. So steht in den reichsten Städten, wie in London, die tiefste Armuth einem indischen Nabob gegenüber. *Les extrêmes se touchent*, kann man auch in diesem Sinne sagen. Gewöhnlich schießt neben dem Unglücklichen, dem es sauer wird, für Weib und Kinder Brod zu schaffen, wie um ihn noch mehr zu kränken, hie und da ein Glückspilz auf. Auch hier geht es im Kleinen wie im Großen. Ich will euch ein Beispiel davon erzählen. Mir selbst mußte auf meiner Reise zu der vermeinten Ministerstelle ein Mann aufstoßen, dem ohne sein Zuthun, ja wider Willen, eine Erhöhung und Belohnung zu Theil wurde, wonach er gar nicht getrachtet hatte. Ich fand an der Wirthstafel eines kleinen Städtchens am Rhein mehrere Kaufleute, welche die Messe bezogen. Der Wirth, mehr einem Bauer, als einem Gastwirth ähnlich, wurde immer Herr Doctor titulirt. Ich fragte, wo er promovirt habe. Er antwortete: zu Rotterdam, und erzählte mir nun auf mein Bitten seine Promotion. Ich begleitete ehemals, sagte er, die Herrn Weinhändler auf ihren Reisen, als Bote oder Bedienter. Man hatte mich gerne, wegen meines lustigen Humors. So kamen wir nach Rotterdam, wir traten in einem großen Gasthof ab. Nach dem

Abendessen trat die Frau des Hauses herein, blaß und traurig. Mein Herr fragte, ob sie sich nicht wohl befinde. – Ich selbst wohl, antwortete die kinderlose Hausfrau, aber Papchen ist krank. – Aber gebraucht den Papchen nichts, – Ei behüte! sagte die Frau, daran hat es nicht gefehlt, aber die Doctors können nicht helfen. – Ei, sagte mein Herr, das ist ja sonderbar! Nicht helfen? und schüttelte den Kopf. – Die Frau, welche glaubte, mein Herr müsse ein Specificum wissen, bat auf das inständigste, doch Papchen nicht sterben zu lassen. – Aber mein Herr sagte ganz kaltblütig, er verstehe nichts von der Geneskunde – aber da (indem er auf mich wies) sey einer, der werde Rath wissen. – Ich wollte mich entschuldigen, es sey nur ein Scherz – aber ein ernster Blick meines Herrn gebot mir Stillschweigen und Gehorsam. Die Frau sprang freudig heraus, Papchen zu holen. Ich bat meinen Herrn flehentlich, mich aus der Noth zu reißen. Er aber anwortete: Kerl, sey ruhig und thue deine Schuldigkeit! – Darauf rauchte er ruhig seine Pfeife fort, und nun trat die Frau mit Papchen herein, zwei Bediente trugen seinen Käfig, als ob sie den Dalai Lama getragen hätten. Er wurde vor mir niedergesetzt. Mein Herr sah mich mit dem größten Ernst über die Schulter an und blies seine Tabakwolke vor sich her. Sah ich ihn an, so flammten seine Augen. Ich nahm den Papagei heraus, und fühlte ihm unter die Flügel. Myn Heer fühlt ihm den Puls, sagte die Wirthin, so getrost, als ob der Liebling schon wieder gesund gewesen wäre. Ich schüttelte den Kopf; die Wirthin wurde traurig, und rief: ach Papchen! mein Herr blies den Tabak so, daß ich ein unterdrücktes Lächeln und seine Zufriedenheit mit mir daraus abzunehmen glaubte. Dies gab mir Muth; ich öffnete dem Vogel den Schnabel, und schüttelte von neuem den Kopf, worauf dann wieder ein wehmüthiges: Ach Papchen! Erfolgte. Es mußte aber ordinirt werden. Ich sah den Herrn verlegen an; ein furchtbarer Blick war die Anwort. Was war zu thun? Ich dachte, du sollst ein Mittel verschreiben, was in Holland nicht gäng und gäbe ist, vielleicht erhältst du dadurch Aufschub bis morgen, wo wir abreisen wollten. Ich forderte Spinnkoppen, Spinngewebe. Mein Herr räusperte sich, daß man es drei Häuser weit hören konnte. Ein Zeichen seines höchsten

„Die Juffrouw aber erheiterte sich zusehends; denn das seltsame Mittel gab ihr einen hohen Begriff von meinen Kenntnissen, und sie sah ihr Papchen schon im Geist völlig genesen."

Beifalls! Die Juffrouw aber erheiterte sich zusehends; denn das seltsame Mittel gab ihr einen hohen Begriff von meinen Kenntnissen, und sie sah ihr Papchen schon im Geist völlig genesen. Ich war der einige Beklommene in der Gesellschaft. Meine letzte Hoffnung war, daß in ganz Rotterdam kein Spinngewebe zu finden seyn würde. Aber bald war das ganze Haus auf den Beinen, um Spinnkoppen zu suchen. Mein Herr that einen kräftigen Zug aus seiner Pfeife, und indem er den Dampf ausblies, nickte er mit dem Kopf gegen mich. Ich konnte dieses Nicken als Beifall auf mich deuten. Er füllte darauf mein Glas (er hatte sich eine höhere Nummer geben lassen) und schob es, obwohl ganz ernst, zu mir hin. Unterdeß wurde im Keller und auf dem Söller und wer weiß wo gesucht. Mein Herr las die Courante. Endlich kam die Hausfrau mit einem Bündel Spinngewebe. Was sollt ich machen? Ich war fast grimmig auf den Papagei; mir fiel der Bel zu Babel ein, und ich machte drei Kügelchen von dem Gewebe, zog mit Gewalt dem Vogel den Schnabel auf, und die Spinnkoppen mußten hinunter. Mein Herr legte seine Pfeife nieder und gieng zu Bette. Der Vogel wurde in seinem Käfich auf den Schenktisch gesetzt. Morgen, sagt' ich, muß es sich entscheiden, aber die Worte erstickten mit beinah die Zunge. Ich begab mich in meine Schlafkammer, fest überzeugt, den Vogel am andern Morgen todt zu finden. Ich vermochte nicht, mich niederzulegen. Um Mitternacht nahm ich mein Licht und schlich mich hinunter. Papchen lebte noch. Um 2 und 3 Uhr wieder, und Papchen lebte noch. Nun warf ich mich aufs Bette, und ermattet von Angst und quälenden Gedanken schlief ich bis an den Morgen. Ich gieng zitternd hinunter, aber kaum war ich dort, so kam Juffrouw mit großem Jubel: Herr Doctor, Papchen ist ganz gesund! Mein Herr, der seinen Kaffee trank, sagte: Herr Doctor, wir bleiben heute hier. Wir thaten es, die köstlichsten Speisen wurden aufgetragen; ich hieß immer Herr Doctor. Die Frau bat, ich möchte mich in Amsterdam etabliren. Sie sagte, ob ich auch andere Beesten, wie Hunde und Katzen, so gut curiren könnte, und mein Herr antwortete: Natürlich! Als mein Herr nach der Zeche fragte, hatten wir nichts verzehrt, und beim Abschied empfing ich von Juffrouw noch ein Röllchen mit 8 geränderten Dukaten. Ich weigerte mich, sie zu nehmen, aber der Blick meines Herrn befahl. Als wir vor dem Thore waren, sagte mein Herr: Hör, Doctor, ich habe gesehn, du weißt dich zu nehmen! Du hast immer so große Lust gehabt, Gastwirth zu werden. Du kannst dir den ersten besten Gasthof kaufen, und heirathen. An Geld solls dir nicht fehlen. Sehn sie, mein Herr, schloß der Wirth, er hat Wort gehalten. Ich habe hier den Gasthof, und Frau und Kinder, und zu leben, und heiße noch immer der Doctor. Ich kurire jetzt bloß die Reisenden von der Müdigkeit, aber sicherer und mit bessern Mitteln, als den Papagei. Ich habe ein schönes Weinlager. Mein Herr war wunderlich, aber brav! Gott hab ihn selig! -

Lese- und Liederbuch

Krummacher – Choräle in Gesangbüchern
Christiane Graßt

Die geistlichen Werke Krummachers sind von einer pietistischen Frömmigkeit geprägt, deren Welt für uns heute – 200 Jahre nach ihrem Entstehen – auf den ersten Blick sehr fremd ist. Krummachers während des 19. Jahrhunderts so zahlreich publizierten und beliebten Choräle verschwanden nach und nach aus den Gesang- und Lesebüchern, sodass im heutigen *Evangelischen Gesangbuch* keiner seiner Choräle mehr zu finden ist.

Dennoch folgt hier eine Zusammenstellung seines Choralwerks: Erstens ist dies meines Wissens die erste derartige Auflistung, wodurch eine zukünftige Beschäftigung mit dem Gesamtwerk Krummachers deutlich erleichtert wird; zweitens scheint es lohnend, die Texte einer Prüfung zu unterziehen: Lieder wie das Winterlied „*Wie ruhest du so stille*" und Strophen aus anderen Chorälen sind auch heute noch durchaus „singbar".

Aufgenommen in dieses kleine Gesangbuch wurden nur Choräle, die eindeutig Friedrich Adolph Krummacher zugeordnet werden konnten. Was so selbstverständlich klingt, birgt einige Schwierigkeiten, da schon zu Krummachers Lebzeiten ihm Gesänge zugeschrieben wurden, die von seinem Sohn Friedrich Wilhelm stammten. Sehr verworren ist die Lage bei den zahlreichen Seiten im Internet, die christliches Liedgut veröffentlichen: Dort werden Choräle dem „Ätti" zugewiesen, die eindeutig aus den Federn der Söhne und Enkel stammen.

Ein weiteres Problem stellt die „Urfassung" der Choräle dar: Da Krummacher sein *„Festbüchlein"* für neue Auflagen stark bearbeitete und die Herausgeber der Gesangbücher es mit Textoriginalen nicht so genau nahmen, gibt es keine verbindlichen Textversionen. Ich habe jeweils die Variante gewählt, die ich am häufigsten in Gesangbüchern des 19. Jhs. gefunden habe.

Noch komplizierter ist die Lage bei den Melodien. Zu Beginn des 19. Jahrhunderts herrschten die meisten der evangelischen Landesfürsten in den vielen deutschen Kleinstaaten immer noch nach dem Grundsatz „*Cujus regio, ejus religio*" [„Wes der Fürst, des der Glaub"]. Sie gaben ihren Landeskindern nicht nur die Religion vor, sondern bestimmten auch Gesangbuch und Agende (Gottesdienstform). Selbst in Preußen gab es noch kein Einheitsgesangbuch.

So existierte eine unübersehbare Fülle evangelischer Gesangbücher, die in Text- und Melodiewahl vollkommen unterschiedlich gestaltet waren; für Krummachers „*Ja, fürwahr*" konnten zum Beispiel drei verschiedene Melodien ausfindig gemacht werden.

Bernhard Christoph Ludwig Natorp war einer der ersten, der versuchte, eine verbindliche – auf die ursprüngliche Form zurückgeführte – Melodie festzulegen. Aber noch 1843 beklagt sich der unbekannte Herausgeber eines Mennoniten-Gesangbuches:

„*...Die Melodien habe ich einstimmig, (der mehrstimmige Satz konnte hier nicht Raum finden) jedem einzelnen Buche beigegeben, damit dieselben in allen Gemeinden gleichförmig erlernt und gesungen werden können. Nur wäre zu wünschen, daß man sich nicht so viele willkürliche, von der reinen Melodie abweichende Durchgänge und Schleifungen erlauben möchte...*"

Da die meisten Gesangbücher aus Kostengründen auf Notendruck verzichteten und auch die alten Landesgrenzen schwer zu überwinden waren, dauerte es lange, bis sich ein einheitliches Singen im evangelischen Raum durchsetzte. Erst 1950 (sic!) wurde mit dem *Evangelischen Kirchengesangbuch* ein erstes zentrales Gesangbuch für die evangelischen Christen in Deutschland geschaffen.

1

Dein König kommt (Advent)

1. Dein König kommt, o Zion, er kehret bei dir ein: auf, lasset uns ihm Palmen streun!
2. Sanftmütig kommt er in sein Reich: jauchzt ihm, alle Lande, freuet euch! Hosianna in der Höhe!
3. Der Herr ist da, halleluja! Preiset seinen Namen! Hosianna! Amen, Amen!

Text: F. A. Krummacher
Melodie: „*Heilig ist Gott der Vater*" nach 1543, auch M. Praetorius zugeschrieben

2
Du bist der Weg

1. Du bist der Weg, die Wahrheit und das Leben,
darauf hast du uns Herr, dein Wort gegeben.
O leite uns, die wir in Schwachheit wallen,
daß wir nicht fallen.

2. Du bist der Weg! / Wenn deine Hand uns leitet, /
so stehn wir fest, / wenn unser Fuß auch gleitet. /
Erhalt uns stets, / o Hirt voll Huld und Gnade, /
auf rechtem Pfade!

3. Du bist die Wahrheit! / Gehn wir gleich im Dunkeln, /
doch muß dein himmlisch / Licht uns freundlich funkeln; /
du bleibst der Morgen- / stern in unserm Herzen /
in Nacht und Schmerzen.

4. Du bist das Leben! / Ewig himmlisch Leben /
wirst du, o Lebens- / fürst, den Deinen geben. /
O hilf, daß wir zum / Himmel gelangen, /
darnach verlangen!

Text: F. A. Krummacher, aus: *„Das Neujahrsfest"*
Melodie: *„Herzliebster Jesu"*
Johann Crüger 1640, nach Guillaume Franc 1543 (zu Ps.23)

3

Eine Herde und ein Hirt

1. Eine Herde und ein Hirt! Wie wird dann dir sein, o Erde, mach dich auf und werde licht:
wenn sein Tag erscheinen wird? Freue dich, du kleine Herde,
Jesus hält, was er verspricht.

2. Hüter, ist der Tag noch fern? / Schon ergrünt es auf den Weiden, / und die Herrlichkeit des Herrn / nahet dämmernd sich den Heiden; / blinde Pilger flehn um Licht. / Jesus hält, was er verspricht.

3. Komm, o komm, getreuer Hirt, / daß die Nacht zum Tage werde. / Ach wie manches Schäflein irrt / fern von dir und deiner Herde. / Kleine Herde, zage nicht! / Jesus hält, was er verspricht.

4. Sieh, das Heer der Nebel flieht / vor des Morgenrotes Helle, / und der Sohn der Wüste kniet / dürstend an der Lebensquelle; / ihn umleuchtet Morgenlicht.
Jesus hält, was er verspricht.

5. Gräber harren aufgetan; / rauscht, verdorrete Gebeine, / macht dem Bundesengel Bahn; / großer Tag des Herrn, erscheine! / Jesus ruft: "Es werde Licht!"
Jesus hält, was er verspricht.

6. O des Tags der Herrlichkeit! / Jesus Christus, du die Sonne / und auf Erden weit und breit / Licht und Wahrheit, Fried und Wonne! / Mach dich auf, es werde Licht!
Jesus hält, was er verspricht.

Text: F. A. Krummacher, aus: *„Das Christfest"*
Melodie: *„Jesus, meine Zuversicht"*, Berlin 1653

3

Eine Herde und ein Hirt (Melodie II)

1. Ei - ne Her - de und ein Hirt! Wie wird
dann dir sein, o Er - de, mach dich auf und
wer - de licht! Je - sus hält, was er ver - spricht.

2. wenn sein Tag er - schei - nen wird? Freu - e
dich, du klei - ne Her - de,

Melodie: „*Meinen Jesus laß ich nicht*"
Johann Ulrich 1674

4

Empor zu Gott (Weihnachten)

1. Empor zu Gott, mein Lobgesang! Er, dem das Lied der Engel klang, der hohe Freudentag ist da; lobsinget ihm, Halleluja!

2. Vom Himmel kam in dunkler Nacht,
der uns des Lebens Licht gebracht;
nun leuchtet uns ein milder Strahl
wie Morgenrot im dunkeln Tal.

3. Er kam, des Vaters Ebenbild,
von schlichtem Pilgerkleid umhüllt,
und führet uns mit sanfter Hand,
ein treuer Hirt, ins Vaterland.

4. Er, der jetzt bei dem Vater thront,
hat unter uns als Mensch gewohnt,
damit auch wir ihm werden gleich
auf Erden und im Himmelreich.

5. Einst führet er zur Himmelsbahn
uns, seine Brüder, auch hinan
und wandelt unser Pilgerkleid
in Sternenglanz und Herrlichkeit.

6. Empor zu Gott, mein Lobgesang!
Er, dem der Engel Lied erklang,
der hohe Freudentag ist da;
ihr Christen, singt Halleluja!

Text: F. A. Krummacher, aus: „*Das Christfest*"
Melodie: „*Vom Himmel hoch*", Martin Luther 1539

4b

Empor zu Gott (Wechselgesang)

Text: F. A. Krummacher, aus: *„Das Christfest"*
Melodie: *„Vom Himmel hoch"*, Martin Luther 1539

Text: F. A. Krummacher, aus: *„Das Christfest"* | Melodie: *„Nun lob, mein Seel, den Herren"* - *„Weiß mir ein Blümlein blaue"*, 15. Jh., geistlich: Hans Kugelmann um 1540

Chor.
3. Er kommt, des Vaters Ebenbild, / von schlichtem Pilgerkleid umhüllt, / und macht uns seiner Hoheit gleich / auf Erden und im Himmelreich.

Alle.
4. O du, dem jetzt die Menge / der Engel und Verklärten singt, / vernimm die Lobgesänge, / die dir dein Volk im Staube bringt. / Du kamst, so geht die Sonne, / die Welt zu segnen, auf, / verbreitet Licht und Wonne / in ihrem hohen Lauf. / Du brachtest Heil und Gnade / auf unsre Welt herab, / ein Licht dem dunklen Pfade, / ein Licht dem finstern Grab.

Chor.
5. Vom Himmel kam in dunkler Nacht, / der uns des Lebens Licht gebracht. / Nun leuchtet uns ein milder Strahl, / wie Morgenroth im dunklen Thal.

Alle.
6. Frohlockt! Ihr wart Genossen / der Sünde wie der Sterblichkeit; / nun ist euch aufgeschlossen / der Eingang in die Herrlichkeit. / Zu unsrer Welt hernieder / kam Gottes ewger Sohn, / nun hebt er seine Brüder / empor zu Gottes Thron. / Er ward das Heil der Sünder, / und bleibt es fort und fort, / Hier sind sie Gottes Kinder, / und Gottes Erben dort.

Chor.
7. Er führet uns auf ebner Bahn, / zum Himmel führt er uns hinan, / und wandelt unser Pilgerkleid / in Sternenglanz und Herrlichkeit.

Alle.
8. Und sind wir einst zum Lohne / der Himmelsbürger dort erhöht, / dann stehen wir am Throne, / und schaun, Herr, deine Majestät. / Nicht mehr aus tiefer Ferne / dringt unser Dank zu dir, / denn über Sonn und Sterne / erhoben, jauchzen wir, / und in des Himmels Chöre / schallt unser Lobgesang: / Dem Ewigen sei Ehre, / dem Welterlöser Dank!

Chor.
9. Rein wie der Engel Harfenklang, / steig auf, du hoher Lobgesang! / Der Tag, der Freudentag ist da. / Ihr Christen, singt, Halleluja!

5

Heil uns! des Vaters Ebenbild

1. Heil uns! des Vaters Ebenbild, der nun im Himmel thronet, und seine Huld und Herrlichkeit umhüllt ein schlichtes Pilgerkleid.
hat hier auf Erden hehr und mild gewandelt und gewohnet,

2. Er kam hernieder wunderbar, / die Menschen zu erlösen, / und gnadenreich, holdselig war / sein Wort, sein Blick und Wesen. / Ein stiller Glanz, ein himmlisch Licht / umfloß sein mildes Angesicht.

3. Er ging im Land umher, sein Herz / voll Liebe und Erbarmen; / er heilte freundlich jeden Schmerz; und tröstete die Armen; / und was am lieblichsten erscheint: / er war der Kindlein Schirm und Freund.

4. Ihm ging, den Säugling in dem Arm, / die Mutterlieb' entgegen; / frohlockend hüpft' ein bunter Schwarm / von Kindlein an den Wegen, / und Jesus sah in stiller Ruh / dem fröhlichen Gewimmel zu.

5. Da rief ein Jünger: "laßt sie fern!" = / die Mütter sahn beklommen; / er aber sprach: "ich seh' sie gern, / o laßt sie zu mir kommen, / und seyd auch ihr den Kindlein gleich, / denn ihrer ist das Himmelreich!"

6. Und sieh, die Kindlein drängten dann / sich um ihn voll Verlangen, / und Jesus nahm sie freundlich an / mit liebendem Umfangen, hob sie empor auf Arm und Knie, / und segnete und herzte sie.

7. O hätt' auch ich damals gelebt, / als er auf Erden wallte, / auch meine Thräne ihm gebebt, / wenn Preis und Dank ihm schallte: Getrost hätt ihn auch ich begrüßt / und seine Segenshand geküßt!

8. Doch schauet er nicht ungesehn, / voll Huld auf uns hernieder? / Und einst von jenen Himmelshöh'n / erscheint er herrlich wieder. / Und sind wir dann den Kindlein gleich, / führt er uns in sein himmlisch Reich!

Text: F. A. Krummacher, aus: „Das Christfest"
Melodie: „Auf, Christenmensch"
„Machs mit mir Gott", J. H. Schein 1628

6

Ja fürwahr (Melodie I)

Melodie: „*Auferstehn, ja auferstehn*"
Joh. Wilh. Stadler, vor 1819

Ja fürwahr (Melodie II)

Melodie: Verfasser unbekannt

Ja fürwahr (Melodie III)

1. Ja für-wahr, uns führt mit sanf-ter Hand ein Hirt durchs Pil-ger-land der dunk-len Er-de, uns, sei-ne klei-ne Her-de. Hal-le-lu-ja! Hal-le-lu-ja!

Melodie: Verfasser unbekannt

2. Wenn im Dunkeln auch sein Häuflein irrt,
er wacht, der treue Hirt
und läßt den Seinen
ein freundlich Sternlein scheinen.
Halleluja.

3. Sicher leitet aus des Todes Graun
er uns auf grüne Aun,
auf Sturm und Wellen
zur Kühlung leiser Quellen.
Halleluja.

4. Freundlich blickt sein Aug auf uns herab.
Sein sanfter Hirtenstab
bringt Trost und Friede;
er wachet sich nicht müde.
Halleluja.

5. Ja fürwahr, er ist getreu und gut;
auch unsre Heimat ruht
in seinen Armen.
Sein Name ist Erbarmen.
Halleluja.

Text: F. A. Krummacher, aus: „*Der Sonntag*"

7

Lobsingt dem Herrn

1. Lob-singt dem Herrn! dem gu-ten Va-ter dro-ben! Wenn Men-schen ihn mit Herz und See-le lo-ben: Solch Lob ist schön; er hört es gern.

2. Der Herr ist groß! / Er winkt: und Ströme stocken; / er streut den Schnee / wie Woll' in zarten Flocken, / und kränzt mit Reif der Erde Schooß!

3. Der Herr ist groß! / Er zählt das Heer der Sterne; / er sendet uns / das Licht aus blauer Ferne; / er hält den Sturm und läßt ihn los.

4. Der Herr ist treu! / Er herrscht voll Kraft und waltet. / Wenn auch vor ihm / der Weltenbau veraltet, / er winkt: sein Odem macht ihn neu!

5. Der Herr ist gut! / Sein Name ist Erbarmen. / Er trägt die Erd' / in seinen Vaterarmen. / Frohlocket ihm! Der Herr ist gut!

6. Er schaffet Brot, / er nährt die jungen Raben; / er sorget, daß / die Vöglein Speise haben, / und keines, keines leidet Not.

7. Die Erde ruht, / von weichem Schnee bedecket. / Das Keimlein schläft: / Er schützet es und wecket / es auf vom Schlaf. Der Herr ist gut!

8. Wohl uns, daß wir / dich Herr und Schöpfer, kennen! / Wir dürfen stets, / dich unsern Vater nennen = / wir jauchzen und lobsingen dir!

Text: F. A. Krummacher, vor 1811
Melodie: *„Gott ist mein Lied"*
Quanz, 1760

8

Lobt den Herrn!

1. Lobt den Herrn! Er ist die Liebe, er verläßt die Seinen nicht. Blickt auch unser Auge trübe, freundlich strahlt sein Angesicht.

2. Lobt den Herrn!
Er ist voll Milde,
nach des Wetters schwüler Nacht
glänzen schöner die Gefilde
und des Regenbogens Pracht.

3. Lobt den Herrn!
Von seinem Regen
duftet lieblicher die Au;
und erfüllt von seinem Segen
steht gebückt die Blum' im Tau.

4. Lobt den Herrn!
Auch wenn wir weinen,
siehet uns sein Angesicht.
Er verlässet nicht die Seinen;
Vater! du verläßt uns nicht.

5. Lobt den Herrn!
Es fallen Tränen
auf des Erdenpilgers Pfad;
aber unter stillem Sehnen
reift des Himmels ew'ge Saat.

Text: F. A. Krummacher, aus: „*Der Sonntag*"
Melodie: „*Ringe recht, wenn Gottes Gnade*"
bei Christoph Kühnau, Berlin 1786

9

Mag auch die Liebe weinen (Begräbnis)

1. Mag auch die Liebe weinen: es kommt ein Tag des Herrn; es muß ein Morgenstern nach dunkler Nacht erscheinen.

2. Mag auch der Glaube zagen:
ein Tag des Lichtes naht;
zur Heimat führt sein Pfad,
aus Dämmrung muß es tagen.

3. Mag Hoffnung auch erschrecken,
mag jauchzen Grab und Tod:
es muß ein Morgenrot
die Schlummernden einst wecken.

Text: F. A. Krummacher, aus: *„Der Sonntag"*
Melodie: N. Hasse, 1659

10

O Vater, sieh mit Wohlgefallen (Taufe)

1. O Vater, sieh mit Wohlgefallen dies Kindlein an, das wir dir weihn, und laß des Säuglings schwaches Lallen dir Lobgesang und Psalter sein.

2. O Hirt, voll Liebe und Erbarmen, / nimm dieses zarte Schäflein ein, / und laß in deiner Liebe Armen / es immer wohl verwahret sein.

3. O Geist des Lichtes und der Wahrheit, / erfülle du mit sanftem Schein / das zarte Herz, laß deine Klarheit / im Pilgerthal sein Leitstern sein.

(2. Textfassung)

1. O Vater, sieh mit Wohlgefallen / dies Kindlein an, das wir dir weihn, / laß es in deiner Gnade wallen, / es sei und bleibe ewig dein.

2. O Herr und Heiland voll Erbarmen, / wasch es mit deinem Blute rein, / laß, treuer Hirt, in deinen Armen / das Kindlein wohl bewahret seyn.

3. O heilger Geist, aus deiner Klarheit / wollst du ihm Licht und Trost verleihn; / o laß dies Kind voll Gnad und Wahrheit, / dein Heiligthum und Tempel seyn.

Text: F. A. Krummacher, aus: *„Das Christfest"*
Melodie: *„Errett mich, o mein Herre"*
Guillaume Franc, 1543

11
Wie ruhest du (Winterlied)

1. Wie ruhest du so stille in deiner weißen Hülle, du mütterliches Land! Wo sind des Frühlings Lieder, des Sommers bunt Gefieder und dein beblümtes Festgewand?

2. Du schlummerst nun entkleidet; / kein Lamm und Schäflein weidet / auf deinen Aun und Höhn; / der Vöglein Lied verstummet, / und keine Biene summet: / doch bist du auch im Schlummer schön.

3. Die Zweig und Ästlein schimmern, / und tausend Lichter flimmern, / wohin das Auge blickt. Wer hat dein Bett bereitet, / die Decke dir gespreitet / und dich so schön mit Reif geschmückt?

4. Der gute Vater droben / hat dir dein Kleid gewoben, / er schläft und schlummert nicht: / So schlummre denn im Frieden! / Der Vater weckt die Müden / zu neuer Kraft und neuem Licht.

5. Bald in des Lenzes Wehen / wirst du verjüngt erstehen / zum Leben wunderbar. / Sein Odem schwebt hernieder: / Dann, Erde, stehst du wieder / mit einem Blumenkranz im Haar.

Text: F. A. Krummache, aus: *„Das Christfest"*
Melodie: *„Der Mond ist aufgegangen"*
Johann Abraham Peter Schulz 1790

11

Wie ruhest du (Melodie II)

Melodie: „*Nun ruhen alle Wälder*"
= „*O Welt, ich muß dich lassen*", 15. Jh, Heinrich Isaac
= „*Insbruck, ich muß dich lassen*", geistlich 1505

Krummachers Choräle in Gesangbüchern
angegeben sind die jeweils ältesten gefundenen Abdrucke

1 | Dein König kommt, o Zion

• Schulchoralbuch von Eduard Kirchberg. Enthaltend 250 Choräle mit unterlegtem Texte, worunter sämmtliche Melodien des rheinisch-westphälischen Synodal-Gesangbuches, nebst einem Anhange von 50 Schulliedern aus obigem und andern Gesangbüchern, zum Auswendiglernen, so wie beim Anfang und Schluß der Schulstunden zu singen.

♪ | Essen, Druck und Verlag von G.D.Bädeker. 1845
Melodie: *„Heilig ist Gott der Vater"*

• Evangelisches Gesangbuch zusammengestellt nach dem Gesangbuche für die reformirten Gemeinden in der Provinz Preußen

Druck und Verlag von J. R(?)eyländer, Tilsit 1863
Melodie: *„Heilig ist Gott der Vater"*

• Christliches Gesangbuch für die evangelischen Gemeinden des Fürstenthums Minden und der Grafschaft Ravensberg

Druck und Verlag von Velhagen & Klasing, Bielefeld 1866
Melodie: *„Heilig ist Gott der Vater"*

• Evangelisches Gesangbuch für Rheinland und Westfalen

♪ | Druck und Verlag von W. Crüwell, Dortmund 1894
Melodie: *„Heilig ist Gott der Vater"*

2 | Du bist der Weg, die Wahrheit und das Leben

aus: *„Das Neujahrsfest"*

• Evangelisches Gesangbuch. Herausgegeben nach den Beschlüssen der Synoden von Jülich, Cleve, Berg, und von der Graffschaft Mark. Mit Genehmigung Eines hohen Ministerii der geistlichen Angelegenheiten.

Druck und Verlag von Sam. Lukas, Elberfeld 1845
Melodie: *„Dies ist der Tag zum Segen eingeweihet"*
  (*„Herzliebster Jesu, was hast du verbrochen"*)

• Evangelischer Liederschatz für Kirche, Schule und Haus. Eine Sammlung geistlicher Lieder aus allen christlichen Jahrhunderten gesammelt und nach den Bedürfnissen unserer Zeit bearbeitet von

 mit Notenabdruck

M. Albert Knapp, weiland Stadtpfarrer zu St. Leonhard in Stuttgart.

Zweite, ganz umgearbeitete Auflage. Stuttgart.
Verlag der J. G. Cotta'schen Buchhandlung. 1850
Melodie: „Herzliebster Jesu, was hast du verbrochen"

3 | Eine Herde und ein Hirt

aus: „*Das Christfest*"

- Evangelisches Gesangbuch zum Gebrauch für Kirche, Schule und Haus

Murbach & Gelzer, Schaffhausen 1841
Melodie: „Ewig, ewig bin ich dein"
    („Jesus, meine Zuversicht")

- Gesangbuch für die Evangelische Kirche in Württemberg

Verlags-Comptoir des neuen evangelischen Gesangbuchs. Stuttgart 1843
Melodie.: „*Jesus, meine Zuversicht*"

- Gesangbuch für die evangelischen Gemeinden Frankreichs

bei Wittwe Berger-Levrault, Buchdrucker, Straßburg 1850
Melodie: „Meinen Jesum laß ich nicht"

- Evangelische Liederfreude. Auswahl geistlicher Lieder von der Zeit Luthers bis auf unsere Tage. Von Ferdinand Bäßler, Oberprediger zu Neustadt-Magdeburg

Verlag der Deckerschen Geheimen Ober-Hofbuchdruckerei, Berlin 1853 (mit Kurzbiographie und fälschlichem Hinweis, dass K. 1807 kurz in Crefeld Pastor war)
Melodie: ohne Angabe

- Evangelisches Gesangbuch

Hrsg. Albert Knapp, Stadtpfarrer zu St. Leonhard in Stuttgart
Leipzig 1855
Melodie: „*Jesus, meine Zuversicht*"

- Deutsches Gesangbuch, Eine Auswahl geistlicher Lieder aus allen Zeiten der christlichen Kirche

Hrsg. Philipp Schaff, Doctor und Professor der Theologie
Philadelphia: Lindsay & Blakiston
Berlin: Wielans & Grieben, 1859
Melodie: „*Jesus, meine Zuversicht*"

4 | Empor zu Gott, mein Lobgesang

aus: *„Das Christfest"*

• Ev. Gesangbuch, herausgegeben nach den Beschlüssen der Synoden von Jülich, Cleve, Berg und von der Grafschaft Mark

Elberfeld 1837

• Gesangbuch f. die ev. Gemeinden Frankreichs

Straßburg 1850
Melodie: *„Dies ist der Tag, den Gott"*

• Evangelische Liederfreude

Von Ferdinand Bäßler, 1853
Melodie: ohne Angabe

• Deutsches Gesangbuch

Hrsg. Philipp Schaff, 1859
1810, Melodie: *„Vom Himmel hoch, da komm ich her"*

• Gesangbuch für die ev. luther. Gemeinden des Herzogtums Oldenburg

2. Auflage, Druck und Verlag von Gerhard Stelling, 1868

5 | Heil uns! des Vaters Ebenbild

aus: *„Das Christfest"*

• Gb für die Ev. Kirche in Württemberg

Stuttgart 1843
Melodie: *„Auf, Christenmensch"*

• Ev. Gesangbuch Hrsg. Albert Knapp

Leipzig 1855
Melodie: *„Auf, Christenmensch"*

6 | Ja fürwahr, uns führt mit sanfter Hand

aus: *„Der Sonntag"*

• Ev. Gb. Jülich...

Elberfeld 1837

♪ mit Notenabdruck

- Gb für die Ev. Kirche in Württemberg

Stuttgart 1843
Melodie: „Auferstehn" (Ps. 23)

- Hymns FROM THE LAND OF LUTHER, translated from the German

Edinburgh: William P. Kennedy
London: Hamilton, Adams & Co
Dublin: John M'Glashan, 1854
    „Yes! Our shepherd leads"
    „Ja führwahr! uns führt mit sanften Hand ein Hirt durch Pilger-land"

- Hymns FROM THE LAND OF LUTHER, translated from the German

New York, 1857
    „Yes! Our shepherd leads"
    „Ja führwahr! uns führt mit sanften Hand ein Hirt durch Pilger-land"

- Deutsches Gesangbuch

Hrsg. Philipp Schaff, 1859
Melodie: „Auferstehn, ja auferstehn"
Anmerkung mit Hinweis auf „Hymns of the Land of Luther"

- Ev. Gb f. Rheinland und Westfalen

Dortmund 1894
Melodie: „Auferstehn, ja auferstehn"

7 | Lobsingt dem Herrn!

- Katholisches Gesangbuch zum allgemeinen Gebrauch bei öffentlichen Gottesverehrungen.

Dritter Band. München 1811
Melodie: ohne Angabe

- Anhalt-Dessauisches Gesangbuch für die öffentliche und häusliche Andacht Evangelischer Christen.

Dritte Auflage. Dessau, 1835. Gedruckt und verlegt von Heinrich Heybruch, Herzoglichem Hof-und Regierungsbuchdrucker.
Melodie: „Gott ist mein Lied"

- Hauschoralbuch, alte und neue Chorgesänge mit vierstimmigen Harmonien und mit Texten

Gütersloh 1844, Druck und Verlag von C. Bertelsmann
Melodie: „Gott ist mein Lied" als 4stg. Chorsatz

8 | Lobt den Herrn! Er ist die Liebe

aus: *„Der Sonntag"*

• Hamburgisches Gesangbuch

Hamburg 1842
Melodie: *„Ringe recht, wenn Gottes"*

• Evangelische Liederfreude.

Von Ferdinand Bäßler, 1853
Melodie: ohne Angabe

9 | Mag auch die Liebe weinen

aus: *„Der Sonntag"*

• Gb für die Ev. Kirche in Württemberg

Stuttgart 1843
„Eigene Melodie"

• Lyra Germanica: second series: The Christian Life, translated from the German by Catherine Winkworth

London: Longman, Brown, Green, Longmans, and Roberts, 1858
Melodie: *„Though love may weep with breaking heart"*

• Deutsches Gesangbuch

Hrsg. Philipp Schaff, 1859
1805, Melodie: *„Christus, der ist mein Leben"*
Anmerkung: „Paßt nicht wohl in die Kirche, aber als Chorgesang auf den Kirchhof u. wurde am Grabe des Dichters 1845 gesungen"
Hinweis auf Lyra Germ. *„Though love may weep"*

10 | O Vater, sieh mit Wohlgefallen

aus: *„Das Christfest"*

• Ev. Gb. Jülich...

Elberfeld 1837
Melodie: *„Errett mich, o mein lieber Herre"*
Textfassung I

- Evangelisch-Lutherisches Gesangbuch

Herausgegeben von E. Ehrw. Ministerium der freien Hans-Stadt Lübeck v. Rohden & Bruhn, Lübeck 1839
Melodie: *"Du klagst, du fühlest"*
Textfassung II

11 | Wie ruhest du so stille („Winterlied")

aus: *"Das Christfest"*

- Liederfibel. Das ganze Kinder- und Familienleben nach seinen verschiedenen Stufen dargestellt in einem vollständigen Chore deutscher Dichter.

Eßlingen 1841. Verlag der Dannheimer'schen Buchhandlung.
Melodie: ohne Angabe

- Evangelischer Liederschatz für Kirche, Schule und Haus. Eine Sammlung geistlicher Lieder aus allen christlichen Jahrhunderten gesammelt und nach den Bedürfnissen unserer Zeit bearbeitet von M. Albert Knapp, weiland Stadtpfarrer zu St. Leonhard in Stuttgart.

Dritte, vermehrte und verbesserte Auflage. Stuttgart. Verlag der J.G.Cotta'schen Buchhandlung. 1865
Melodie: *"Nun ruhen alle Wälder"*

- Ev. Gb f. Rheinland und Westfalen

Dortmund 1894
Melodie: *"Der Mond ist aufgegangen"*

Weitere Choräle

Die folgenden Choräle wurden jeweils in nur einem Gesangbuch gefunden und werden daher gesondert aufgeführt:

12-17 |

• Anhalt-Dessauisches Gesangbuch für die öffentliche und häusliche Andacht Evangelischer Christen. Nebst einem doppelten Anhange von Abendmahlsformen und häuslichen Gebeten.

Dritte Auflage. Dessau, 1835.
Gedruckt und verlegt von Heinrich Heybruch, Herzoglichem Hof- und Regierungsbuchdrucker. (Preis 18 Gr.)

18-20 |

• Gesangbuch zum Gebrauch bei dem öffentlichen Gottesdienste und der häuslichen Erbauung. Zunächst für einen Theil der Mennoniten-Gemeinden beider Hessen, der baierischen Pfalz, Rheinpreußens und des Herzogthums Nassau bestimmt.

Wiesbaden, Druck und Verlag von A. Scholz. 1843

12

Armuth darf nicht mehr verzagen

1. Ar-muth darf nicht mehr ver-za-gen! Er, der Herr der Herr-lich-keit, De-muth-voll ging er ein-her und ver-schmäh-te Gold und Ehr', arm und still, ein Freund der Ar-men, reich an Lie-be und Er-bar-men.

   hat der Ar-muth Kleid ge-tra-gen und zum Eh-ren-schmuck ge-weiht.

2. Armuth darf nicht mehr verzagen! / Er der Herr der Herrlichkeit, / hat der Armuth Schmach getragen, / Hunger, Blöße, Hohn und Leid. / Seine Krippe und sein Grab, / beides ihm die Liebe gab. / Daß der Arm' ein Reicher würde, / trug er selbst der Armuth Bürde.

3. Armuth darf nicht trostlos weinen! / Er, der Herr der Herrlichkeit, / kennt die Seinen, liebt die Kleinen, / ist zu helfen stets bereit. / Uns hat er sie anvertraut; / und von seinem Himmel schaut / Er auf uns und seine Brüder; / einstens kommt er richtend wieder.

4. Armuth darf nicht trostlos weinen! / Auch des kalten Wassers Trank, / den die Liebe hier den Seinen / reichte, lohnte dort sein Dank. / Ihn, den Herrn, hat sie beschenkt, / ihn gespeiset, ihn getränkt. / Selig, selig sind die Armen, / und die ihrer sich erbarmen!

Text: F. A. Krummacher, aus: „*Das Neujahrsfest*"
Melodie: „*Freu dich sehr, o meine Seele*"
= „*Wie nach einer Wasserquelle*", Loys Bourgeois, 1551

13

Herr, nach deinem Angesicht

1. Herr, nach deinem Angesicht seufzet meine Seele! Lebensquell, ewig hell, stille du mein Sehnen, trockne meine Thränen!

Mich verlangt nach Trost und Licht wie in finstrer Höhle.

2. Liebreich tränkst du dürre Au'n / und die Höh' von oben, /
daß die Blümlein aufwärts schaun, / dankbar dich zu loben. /
Ach, auch mich / mildiglich, / reicher Gott, erquicke, /
daß ich freudig blicke!

3. Ach, von wannen kommt der Strahl, / der mein Sehnen stille? /
Du hast Sternlein ohne Zahl / und des Lichtes Fülle! /
Immerdar / voll und klar / strömt der Born des Lebens: /
Such ich ihn vergebens?

4. Nein, hernieder von dem Thron / rauscht des Lichtes Welle, /
und dem Durst'gen reicht der Sohn / aus der ew'gen Quelle. /
Himmelan / geht die Bahn! / Auf des Glaubens Schwingen, /
magst du es erringen!

5. Auf! erhebe dich mein Herz, / von dem dunklen Staube! /
Trage du mich himmelwärts, / Pilgerengel, Glaube! /
Nicht zurück / schaut mein Blick. / Aufwärts will ich dringen, /
wo die Harfen klingen!

6. Du selbst gingest mir voran, / Hirt voll Gnad und Wahrheit. /
Führ auch mich auf sichrer Bahn / zu des Himmels Klarheit. /
Ja, du wirst, / Lebensfürst, / mir zur Seite stehen /
und auch mich erhöhen.

7. Auf! empor! ich zage nicht, / wie der Pfad sich krümme. /
Herr, ich seh' dein Angesicht, / höre deine Stimme! /
Keinem Schmerz / bebt mein Herz / trotz des Todes Grauen! /
Glaube führt zum Schauen.

Text: F. A. Krummacher, aus: *„Das Neujahrsfest"*
Melodie: *„Straf mich nicht in deinem Zorn"*, vor 1681
geistlich Braunschweig 1686, Dresden 1694

14

Kein Wort so hoch und herrlich klingt

2. Von oben kommt das stille Licht; / es kommt von seinem Angesicht, / ein Abglanz seiner Liebe. / Gestirne glänzen, Blumen blühn, / der Morgenröthe Flügel glühn / im Hauche seiner Liebe.

3. Verhüllet stand ihr ew'ger Thron: / Da kam herab das Wort, der Sohn, / in Ihm des Vaters Liebe. / Aus Gott geboren und gesandt, / erschien in menschlichem Gewand / auf Erden sie, die Liebe.

4. Sie trug der Erde Leid und Noth; / sie brach dem Hungrigen das Brot, / das Himmelsbrot der Liebe. / Sie gab sich selbst zum Opferlamm; / sie stiftete am Kreuzesstamm / den ew'gen Bund der Liebe.

5. Wen sie vermählet diesem Bund, / dem thut sie ihr Geheimniß kund, / das Lebenswort der Liebe. / Und über Erdennoth und Schmerz / erhebet sie sein freudig Herz, / sein Herz voll sel'ger Liebe.

6. Sie segnet, tröstet, heilet, weint / mit Weinenden, erquickt den Feind / allüberall die Liebe. / Des Eingebornen Ebenbild, / gleich ihm, vom Erdenleib umhüllt, / glaubt, duldet, hofft die Liebe.

7. Und wenn sie irdisch sich bewährt, / schwebt sie hinauf, mit Ihm verklärt, / ins ew'ge Reich der Liebe. / Da preist der Engel Harfenklang' / und aller Himmel Lobgesang / den Kampf und Sieg der Liebe.

Text: F. A. Krummacher, aus: *„Das Neujahrsfest"* | Melodie: *„Nun Hosianna! Davids Sohn"* in: *„Harmonischer Liederschatz"* von Balthasar König, 1738

15

Seht, aus des Himmels

1. Seht, aus des Himmels gold-nem Thor
tritt un-ser Fei-er-tag her-vor!
Der Tag des Herrn! Sein An-ge-ficht
um-strahlt der Mor-gen-rö-the Licht.

2. Sei uns gegrüßt, du Tag der Ruh! / Den Müden hauchst du Labung zu; / und wer an dir nur feiern will, / dem macht das Herz dein Friede still.

3. Willkommen uns im Festgewand! / Die Freude wallt an deiner Hand, / die Einfalt öffnet dir die Thür / und schmückt ihr stilles Hüttchen dir.

4. Wohl heißest du ein Tag des Herrn; / Er labte und erquickte gern, / Er ging umher so liebevoll / und that im ganzen Lande wohl.

5. Du bist der Sonne Tag und Bild! / Wie sie mit Glanz die Erde füllt, / so beut dein holdes Angesicht / der frommen Einfalt Freud' und Licht.

6. Ein Engel Gottes, bringest du / der stillen Erde Fried' und Ruh, / und schwebest auf der Himmelsbahn / den Brudertagen froh voran!

7. O, hebe du mein sehnend Herz / zu jener Heimath, himmelwärts! / Einst, durch der Morgenröthe Thor, / ein Engel, schweb' auch ich empor.

Text: F. A. Krummacher, aus: „*Der Sonntag*"
Melodie: „*Herr Gott, dich loben alle wir*"
Loys Bourgeois, 1551

16

Wenn Er, der Herr, auf seinem Thron

1. Wenn Er, der Herr, auf seinem Thron mit Donner und Posaunenton wird zum Gericht erscheinen; wenn alle Völker vor ihm stehn und aufwärts bang' und harrend sehn, erkennet Er die Seinen. Der König auf dem Wolkenthron, getrost! er ist der Menschensohn!

2. Mag auch sein dunkles Zelt erglühn / und Blitzesflammen um ihn sprühn, / der Erde Grund erbeben! / Bald wird die Saat, in Staub gebückt, / von ihm gesegnet und erquickt, / zur Garbe sich erheben. / Der Ernte Herr, voll Majestät = / getrost! hat selbst im Staub gesä't.

3. Er kommt, der Held, Kraft, Wunderbar! / Um ihn der Engel heil'ge Schar / und die verklärten Zeugen. / Doch neiget er sein Angesicht / den Auferstandnen, die zum Licht / aus offnen Gräbern steigen. / Der Richter, der sie scheiden wird = / getrost! er ist der gute Hirt!

4. Der König auf dem Wolkenthron = / heil uns! = er ist der Menschensohn, / der Bruder aller Armen. / Auch wir sind arm; dich liebten wir: / O Herr, drum hoffen wir von dir / Vergebung und Erbarmen. / So sei uns, wenn du kommen wirst, / ein Heiland, Hirt und Friedefürst!

Text: F. A. Krummacher, aus: *„Das Neujahrsfest"*
Melodie: *„O Ewigkeit, du Donnerwort"*
Johann Crüger 1653

17

Wo sprudelt deine heil'ge Quelle?

1. Wo sprudelt deine heil'ge Quelle? Wo ist dein Urborn, süßes Licht, aus welchem ewig still und helle dein unversiegtes Leben bricht? Entquillest du des Himmels Thoren, der Schöpfung erstgeborner Sohn? Bist du ein Hauch aus Gott geboren? Ein Widerglanz von seinem Thron?

2. Eh' dich Jehova ausgegossen, / umhüllten düstre Graun der Nacht / die stumme Tief. Er sprach: da flossen / die Himmesström' in stiller Macht. / Das alte Reich des Dunkels tobte / und sank hinab mit wildem Zorn. / Das Heer der Sterne jauchzt' und lobte / den Herrn: da quoll des Lichtes Born.

3. Gehoben durch des Lichtes Bande, / begann den Himmelstanz die Welt; / die Sonn' im strahlenden Gewande / trat auf der Morgenröthe Zelt. / Rings um die blaue tiefe Ferne / goß ihres Lichtstroms Silberglut / die Milchbahn, und es flossen Sterne / wie Tropfen in der Himmelsflut.

4. Nun wand sich auf des Dunkels Armen / die lichtumkränzte Erde los. / Der Himmel trug nun voll Erbarmen / sein jüngstes Kind im blauen Schoß; / aus feuchtem Thal die Halme quollen, / grün schimmerten die runden Höhn, / es wogten über schwarzen Schollen / des Lenzes Kinder wunderschön.

5. Ja, auch der Tiefe düstre Hallen / durchdrang des Lichtes Wunderschein, / verdickt zu strahlenden Krystallen / und unvergänglichem Gestein. / In funkelnden Smaragden blühet / des Baumes Blatt, des Hügels Grün, / im Diamant der Mittag glühet, / die Morgenröthe im Rubin.

6. Ja, dir entquillet jedes Leben, / o Licht, dich preist des Himmels Chor; / der Adler und die Lerche schweben / zu deinem stillen Sitz empor. / Die Lämmerherd' am bunten Hügel / trinkt ruhend deinen milden Strahl; / der Schmetterling auf goldnem Flügel / umschwebt das blumenreiche Thal.

7. Doch wundersam, in heil'ger Fülle; / umfleußt dein Strahl, o holdes Licht, / den Menschen, in erhabner Stille / umleuchtest du sein Angesicht - / sein Auge trinkt des Himmels Welle / und reichet sie dem Geiste dar = / dicht an des Himmels Botn und Quelle / flammt still und heimlich sein Altar.

8. Dem Urquell alles Lichts entflossen, / weilt hier der Geist, ein himmlisch Kind. / Noch von des Dunkels Hüll' umschlossen, / nach Licht sich sehnend, aber blind, / genügt ihm nicht das Licht der Erde; / er rauscht durch aller Sonnen Bahn / und strebt zum ew'gen Sonnenherde, / zum Urquell alles Lichts hinan.

9. Er hört des Himmels Harfen klingen; / des Lichtstroms Rauschen füllt sein Ohr; / er dehnt und regt die zarten Schwingen / und reißet sich vom Staub empor. / Die Hülle sinkt, die Fesseln fallen, / er schwebet frei und kühn daher = / ihm öffnen sich des Himmels Hallen, / und ihn umfäht des Lichtes Meer.

Text: F. A. Krummacher, aus: *„Das Christfest"*
Melodie: *„Wie groß ist des Allmächtgen Güte"*
Halle 1704

18

Auf grüner Höh'

1. Auf grüner Höh' der Meister stand und lehrte;
Viel Volk's, den Blick hinauf gewandt, ihn hörte.
Die Höh' ist öde; doch das Wort,
es lebt und waltet immer fort.

2. Der Meister herrscht, der Herde Haupt, nun droben,
Wo Alle, die an ihn geglaubt, Ihn loben.
Er hält die Stätt' auch uns bereit,
Die Wohnung seiner Herrlichkeit.

3. Doch gilt's zuvor, den Berg hinan, den steilen!
Weh' Denen, die auf breiter Bahn verweilen!
Hinaufwärts geht's zum Freudenthal;
Die Pfort' ist eng, der Weg ist schmal.

4. Der Meister winkt und ruft zum Ziel – wir kommen!
Schon haben es der Treuen Viel' erklommen!
Er ging voran den schweren Lauf,
Er hebet, stärkt und führt hinauf.

5. Ihm nach! Ihm nach! Dort oben winkt die Krone.
Die Schar der Sieger steht bekränzt am Throne.
Dahin, dahin geht unf're Bahn.
Der Meister winkt. Hinan! Hinan!

Text: F. A. Krummacher, aus: *„Das Neujahrsfest"*
Melodie: Verfasser unbekannt

19
O selig, die in Canaan

1. O se-lig, die in Ca-na-an den Herrn und sei-ne Jünger sah'n! Durch-wall-ten sie die Au'n und Hü-gel und schweb-ten auf des Mee-res Spie-gel.

Zwölf Män-ner, kind-lich um ihn her, in ih-rer Mitt' ein Va-ter Er!

2. Des Eingebornen Herrlichkeit / umschloß ein schlechtes Pilgerkleid. / Kein Glanz verhüllte, und kein Thron / umstrahlte Ihn, den Königssohn. / Nur seiner Liebe milder Schimmer / erleuchtete sein Antlitz immer.

3. Er führte nicht durch Wüstenei'n / in sein gelobtes Land sie ein. / Kein Dunkel barg, kein Zaun umschloß / das Wort des Lebens; es entfloß, / wie Hermons Thau, dem holden Munde, / das hohe Wort vom neuen Bunde.

4. Und horchend standen um den Herrn / die Zwölf'. Es ging der Morgenstern / in ihnen auf, bis klar und mild, / des Tages Glanz die Seele füllt. / Aus Halm und Aehren, Blumen, Reben / quoll himmlisch Licht und neues Leben.

5. So führt' Er sie auf eb'ner Bahn / ins freudenreiche Canaan. / Heil uns! Sein Bund besteht, sein Wort / erschallt und wallet immer fort, / bis zu der Erde fernsten Enden; / sein Wort wird seinen Bund vollenden.

Text: F. A. Krummacher, aus: *„Das Neujahrsfest"*
Melodie: Verfasser unbekannt

20

Dir, kleines Bethlehem

1. Dir, klei=nes Beth=le=hem er=klang, des heil'=gen Seh=ers Lob=ge=sang! Du warst dem Her=ren an=ge=nehm. Heil dir, du klei=nes Beth=le=hem!

2. Nicht deiner Thor' und Zinnen Pracht
hat dich so groß vor Gott gemacht.
Man sah' auf deinen stillen Höhn
nur fromme Lämmerherden gehn.

(Micha 5, 1)

3. Die Demuth, und das Hochgefühl
der Liebe, und das Harfenspiel
des Sängers wohnt in deinem Schoß,
drum wurdest du so hehr und groß.

4. Hier wandelte mit stillem Sinn
die holde Aehrenleserin,
der Mutter Freud' und Trost in Noth,
und bracht' ihr liebreich Milch und Brodt.

(Buch Ruth)

5. Umrauscht vom goldnen Korngefild
stand Boas hochgesinnt und mild,
und gütig, wie sein Ackerland,
bot er der Armuth Herz und Hand.

6. Hier weidete Isais Sohn
die Herde; seiner Harfe Ton
erscholl auf Bethlehms stillen Höhn,
wie Donnersturm und Lenzeswehn.

7. Drum hat zu Ehr' und Majestät
dich, Bethlehem dein Gott erhöht,
daß du, die du die kleinste warst,
den Unaussprechlichen gebarst.

8. In Duft und Himmelsglanz gehüllt
lag, wie ein Eden dein Gefild',
und über deinen Höhen klang
der Engel Chor und Lobgesang.

9. Dir singt, von Preis und Dank durchglüht,
auch unser Herz ein frohes Lied!
Preis, Ehre, Lob und Dank sei dem,
den du gebarest, Bethlehem!

Text: F. A. Krummacher
(hier fälschlich Herder zugeschrieben)
Melodie: *Vom Himmel hoch*
Martin Luther, 1539

1

Kompositionen *Das Kirchlein* Nach A. Harder

O sehet doch, wie fein und hold dort unser Kirchlein strahlet, rings von der Abendsonne Gold umflossen und bemalet! Wie ist's so still und

2. Es prangt im Grünen hell und weiß
und schauet frisch und munter
auf unsers Dörfleins bunten Kreis
und dann in's Thal hinunter.
Man sieht's ihm an, wie es sich freut
in seiner Zierd' und Reinlichkeit.

3. O seht im goldnen Abendglanz
des Kirchleins Fenster strahlen!
Wie eine Braut im Blumenkranz,
so steht es da zum Malen!
Ei schauet, wie es glänzt und glüht
und wie ein Pfirsichbäumchen blüht!

4. Doch immer wird's ihm nicht so gut;
oft toben Sturm und Regen
um's Kirchlein, doch es denkt voll Muth:
das wird sich auch schon legen!
Mag auch Gewölk' und Wetter dräun;
auf Regen folgt Sonnenschein.

5. Und glaubt es nur, nicht minder schön
ist's Kirchlein auch von innen:
fein blau und weiß die Bänke stehn,
und 's ist so still darinnen.
Und Sonntags steht kein Bänklein leer;
nein, solch ein Kirchlein giebt's nicht mehr.

6. Und wenn die Orgel hell erklingt
mit ihren Silberpfeifen,
wie dann ihr Schall das Herz durchdringt!
es läßt sich kaum begreifen!
Man sieht und hört's mit Staunen an
und fühlt, was man nicht sagen kann.

7. Hoch oben an des Pfeilers Wand
die Kanzel herrlich thronet,
gar wundersam von Meisters Hand
vergoldet und gebohnet.
Dann kommt der Pfarrer unverzagt;
wohl wundert's einen, wie er's wagt.

8. Er aber tritt, ein Held, hervor
und leitet seine Heerde
zur Himmelsbahn und hebt empor
die Herzen von der Erde.
Sanft träuft sein Wort, wie milder Thau
auf eine dürre Blumenau.

9. O seht, die liebe Sonne sinkt,
es dunkelt schon im Thale;
nur noch des Thurmes Spitze blinkt
im letzten goldnen Strahle!
Wie wird's so heimlich rings umher!
nein, solch ein Kirchlein giebt's nicht mehr.

2
Winterlied

Nach A. Harder

2. Du schlummerst nun entkleidet;
   kein Lamm und Schäflein weidet
   auf deinen Au'n und Höh'n.
   Der Vöglein Lied verstummet,
   und keine Biene summet;
   doch bist du auch im Schlummer schön.

3. Die Zweig' und Aestlein schimmern,
   und tausend Lichter flimmern,
   wohin das Auge blickt!
   Wer hat dein Bett bereitet,
   die Decken dir gebreitet,
   und dich so schön mit Reif geschmückt?

4. Der gute Vater droben,
   hat dir dein Kleid gewoben,
   er schläft und schlummert nicht.
   so schlumm're denn in Frieden!
   Der Vater weckt die Müden
   zu neuer Kraft und neuem Licht!

5. Bald in des Lenzes Wehen
   wirst du verjüngt erstehen
   zum Leben wunderbar!
   Sein Odem schwebt hernieder;
   dann, Erde, stehst du wieder
   mit einem Blumenkranz im Haar.

3
Das Läubelein
Melodie und Satz: A. Harder

2. Und durch die Schatten schlüpft
der helle Strahl und hüpft
bald hier, bald dort!
Wenn man ihn fangen will,
wenn man ihn fangen will,
so ist er fort.

3. Wer webt mit leiser Hand
die hohe grüne Wand
so kühl und dicht?
Ein Engel thut's geheim,
ein Engel thuts geheim
bei Sternenlicht.

4. Er kommt in stiller Nacht,
und wenn der Tag erwacht,
ist's grün und schön.
Wie möcht ich doch so gern,
wie möcht ich doch so gern
den Engel sehn.

5. Hier sitz' ich still und fromm,
du lieber Engel, komm'
von deinem Stern!
O komm! wie dankte dir,
o komm!, wie dankte dir
mein Herz so gern!

4
Freude

Melodie und Satz: Hans Georg Nägeli

5

Sonntagslied Melodie und Satz: Hans Georg Nägeli

Seht, an des Himmels gold-nem Thor tritt un-ser Fey-er-tag her-vor, der Tag des Herrn! Sein An-ge-sicht um-strahlt der Mor-gen-rö-the Licht.

Sey uns gegrüßt, du Tag der Ruh!
Den Müden hauchst du Labung zu,
Das fröhlich stille Dörflein ruht
In deinem Schirm und ist dir gut.

Willkommen uns im Festgewand!
Die Freude wallt an deiner Hand,
Die Einfalt öffnet dir die Thür
Und schmückt ihr stilles Hüttchen dir.

Wohl heißest du der Tag des Herrn.
O wie erquickt' er auch so gern
Die Müden, gieng so liebevoll
Im Land' umher, that allen wohl.

Du bist der Sonne Tag und Bild!
Wie sie mit Glanz die Erde füllt,
So strahlt dein holdes Angesicht,
Der frommen Einfalt Freud' und Licht.

Ein Bote Gottes bringest du
Der stillen Erde Fried' und Ruh,
Und schwebest auf der Himmelsbahn
Den Brudertagen froh voran.

O hebe du mein sehnend Herz
Zu jener Heimath, himmelwärts!
Einst, durch der Morgenröthe Thor,
Ein Engel, schweb' auch ich empor.

6

Alplied

Melodie und Satz: Adolph Nedelmann

2. Auf hoher Alp
   Von kräuterreichen Höhn
   Die Lüftlein lieblich wehn,
   Gewürzig, frei und rein
   Mags auch sein Odem seyn?
   Auf hoher Alp ein lieber Vater wohnt.

3. Auf hoher Alp
   erquickt sein milder Strahl
   das stille Weidethal;
   Des hohen Glätschers Eis
   Glänzt wie ein Blütenreis.
   Auf hoher Alp ein lieber Vater wohnt.

4. Auf hoher Alp
   Des Geißbachs Silber blinkt;
   Die kühne Gemse trinkt
   An jäher Felsen Rand
   Aus seiner hohlen Hand.
   Auf hoher Alp ein lieber Vater wohnt.

5. Auf hoher Alp
   In Scharen weiß und schön
   Die Schaaf' und Zieglein gehn
   Und finden's Mahl bereit,
   Daß sich ihr Herze freut.
   Auf hoher Alp ein lieber Vater wohnt.

6. Auf hoher Alp
   Der Hirt sein Heerdlein schaut;
   Sein Herze Gott vertraut;
   Der Geis und Lamm ernährt,
   Ihm auch wohl gern bescheert.
   Auf hoher Alp ein lieber Vater wohnt.

Krummacher über Kettwig

Lese- und Liederbuch

Nur knapp fünf Jahre wohnte Friedrich Adolph Krummacher mit seiner Familie in Kettwig, doch spielte das idyllische Dorf an der Ruhr in seinem Werk und vor allem in seinen Briefen eine wichtige Rolle. Viele seiner Zitate sind schon in den Artikeln im Hauptteil des Buches abgedruckt worden - hier findet sich eine Übersicht aller Erwähnungen Kettwigs als „Krummacher-Kettwig-Lesebuch".

1. Briefe

aus: „*F. A. Krummacher und seine Freunde*", hrsg. von *W. Möller*

„*Liebes Schwesterchen! ...will Dir etwas zum Besten geben, das... Dein ernstes Nachdenken und Deinen reinen Verstand beschäftigt, nämlich: Die Fahrt und Abentheuer zweier Helden und Seefahrer. Am Freitag Morgen stach ich, nachdem ich mich gehörig verproviantiert hatte, von Mörs aus in See, um mich mit der Hauptesskader zu Duisburg zu vereinigen...Wir wollten erst nach Mühlheim und dann nach Kettwig und Ratingen segeln. ...wir standen schreckliche Hitze aus, und die Windstille stellte sich wieder ein, wir landeten auch am Staat* [heute: Am Staadt], *wo wir eine Naturmerkwürdigkeit, nemlich 2 Elephanten*) sahen. Gerade zur rechten Zeit, nämlich - zur Mittagszeit, warfen wir endlich unsere Anker in Kettwig...Wir befanden uns hier sehr wohl, und es that uns auch sehr noth, - wir betheerten und kalfaterten hier unsere Flotte, und da wir so lange mit dem alten Wasser hatten vorlieb nehmen müssen, so thaten wir uns hier was rechts zu gute...*"

*) Ein paar ehrenwerte, aber ungewöhnlich corpulente alte Damen.

DUISBURG, 6. AUGUST 1798
An Friederike Möller geb. Scheidt in Rheda.
Bei einem Besuche daselbst.

„*... Gerne hätte ich, wenn es sich so geschickt hätte, die Kettwiger Stelle gehabt. Ich weiß nicht, ob ich Dir geschrieben habe, daß ich Werth* [Weerth] *in Essen traf. Dieser riet mir sehr dazu und versprach alles einzuleiten, was er vermöchte. ...*"

DUISBURG, NOV. 1806.
An A.W.P. Möller
und seine Frau

DUISBURG, 2. JANUAR 1807.
An A.W.P. Möller

„... *Seht, liebe Kinderchen, da habt ihr meine Geschichte am Schluß des Jahres 1806, - was nun 7 bringen wird, mag der Himmel bestimmen. Es wäre nichts aus dem Crefeld geworden, wenn nicht Christiane* [Christiane Engels] *hier gewesen wäre, die sehr dazu rieth, und mich dort auch eingeführt hat.... Ich wäre wohl zu Kettwig Pastor gewesen, allein dazu sind jetzt keine Aussichten. ...*"

DUISBURG, 13. MAI 1807.
An A.W.P. Möller
und seine Frau.

„... *Die Bestätigung des Crefelder Berufes verzögert sich immer noch fort. ...*

... - In Kettwig hat die Gemeine die Erlaubniß zu einer neuen Wahl erhalten. Also wird ihnen ohne Zweifel der Wolf beschieden werden zum Hirten, und man wird die Frau Pastorin mit eben so viel Spitzen und Bändern unter der Kanzel prangen sehen, als Frau K. - wie die Verheißung der Bauern lautet. q. f. f. s. [Anm.: **q**uod **f**elix **f**austumque **s**it = was glücklich und gesegnet sein möge] *...*"

N.S. Nachdem ich diese Epistel geschlossen, kam ein Bote von Natorp mit seltsamer Botschaft. Nemlich die Ketwiger hätten den Befehl erhalten, eine neue Wahl zu thun, oder in 10 Tagen zu gewärtigen, daß ex jure devoluto ihnen ein Pfarrer gesetzt würde. Der Landrat v. Buggenhagen ist Commissarius. [Julius Heinrich v. B., Studienfreund K.s in Halle, Landrat in Wesel] *Diesem that aber ein Theil der Gemeine kund, daß sie sich keinesweges das würden gefallen lassen - also tritt das jus devolutum ein, und Buggenhagen hat mich der Regierung vorgeschlagen und Natorp bestürmt mich, Ja, Ja! zu sagen.*

Ich antwortete: daß ich allerdings die Stelle wohl wünschenswerth fände; auch daß ich zwar mich den Crefeldern versagt, jedoch von diesen erwarten könnte, daß sie es mir nicht übel deuten würden, wenn ich das Gewisse für das Ungewisse, das Bessere für das Geringere nähme.

Nur käme es darauf an, ob ich der Gemeine aufgedrungen würde, und dann die Annahme der Stelle nicht meinen Grundsätzen und Gemüth zuwider wäre. Ich könnte also nur ein bedingtes Ja sagen. -

Ich bin auch ganz ruhig dabei, und lasse es gehen, wie es kann und will, und wollte euch das eben gemeldet haben.

    Adieu, Ihr Lieben. Gott zum Gruß.

    Ich verbleibe Euer getreuer Kr."

DUISBURG IM SEPT. 1807.
An Friederike Möller
in Kettwig

„Meine liebe und theure Friederike! Ach! - mit diesem Wörtlein, das so oft in dem Odem der Menschenbrust und aus ihrer Tiefe schwebet, beginne ich mein Brieflein
- denn siehe! ich habe Dein Zürnen vernommen, und lauter Ach und Krach war es auch, und blos diese, was mich zurückhielt von Kettwig und dem freundlichen Hause. Ich habe Reue genug darüber gehabt, daß ich daheim blieb...
...Wie freue ich mich, daß Dir dein jetziges Stillleben in dem schönen Thal so wohl bekommt. Mich dünkt, ich könnt' es an deinen Buchstaben sehen, daß es Dir wohler ist, als in dem Duisburger Gezerr. So wolle denn die freundliche Natur ferner ihr Werk an Dir fördern und gedeihen lassen alle Wünsche der Liebe und Freundschaft. Ob ich bald hinüber komme, das wünsche ich wohl, aber ich weiß es nicht. Wenn man einmal in die Abhängigkeit der Umstände gerathen ist, und darin befinde ich mich ja mehr als je, so wagt man nicht viel für die Zukunft. - Dem Wahlwesen in Kettwig sehe ich mit der größten Ruhe zu, mag es auch werden, was es wolle. Buggenhagen als mein alter Universitätsfreund und Duzbruder wird für mich alles thun was er kann, ich wünsche nur, daß er thue, was er soll, und kann für mein Theil noch nicht anders denken, als daß ich nach Crefeld kommen werde. Das Gegentheil würde mich überraschen..."

DUISBURG, 24. SEPTBR. 1807.
An Dieselbe.

„Liebe, theure Fritze. Herzlichen, innigen Dank für deine beiden Briefchen! für deine Theilnahme an meinem Schicksal, für dein freundliches, liebes Wesen! Ach, es wird ja wohl alles gut gehen! Die Kettwiger waren bei mir und haben mich herzlich bewillkommt; ich las sogleich dein Brieflein und es war mir ein Cordial. Ich habe es ganz befolgt. Am Freitag werde ich den Ruf erhalten [als Pfarrer nach Kettwig], und dann einen Entschluß abgeben, der schon gefaßt ist. Ich wünsche nur noch etwas zu zögern, ob wir eben noch die Entschädigung bekämen [das Gehalt aus Duisburg], damit ich rein, wie Silber durch Silber, in mein Pfarrdorf einziehen könnte. Ich wollte, ich wäre da, denn ich liebe nicht den Buhei, der mir noch bevorsteht. -
Unter den Deputierten äußerte der Bauer Druchs [Drucks !] mir den Wunsch, mich bald in Kettwig zu sehen, auf eine solche Weise, daß

ein Hofmann nicht feiner und ein Bauer nicht einfältiger sich ausdrücken kann. Ich gäbe was darum, daß ich die Worte im Gedächtnis oder auf Papier hätte. - ...

... Morgen wollen die Schullehrer von Kettwig zu mir kommen. Laß mich doch durch sie wissen, wie Du dich befindest, liebe Friederike! - Ist nicht Kettwig dein Bethesda, wo Dir der Engel der Genesung so gern erscheint? Er wandelt wie alle heiligen Engel gern im Stillen. Auch dein Verweilen im Kettwiger Lande macht es mir lieb.
  Ich bin und bleibe mit herzlicher Liebe, liebe Frieda,
  dein alter getreuer Kr."

DUISBURG, 7. OCT. 1807.
An Dieselbe.

„Liebe Frieda. ... Hier im Haus ist alles am Packen und Geräusch. Christiane ist in unaufhörlicher Quispelei, sie hat meine Bücherschränke auseinanderschlagen lassen, und ist schon eine ganze Wüstenei im Hause. Ich bin so zerstreut, daß ich an keine Antrittspredigt denken kann - ich wollte, liebe Friederike, Du machtest mir eine Disposition - ich denke, den Text zu wählen: die Liebe ist das Band der Vollkommenheit. Darnach kannst Du Dich also richten, und ich erwarte mit umgehender Post die Disposition, einige Ideen nebenbei sollen mit höchsten Dank erkannt werden. - Und nun noch einen Auftrag. Sag doch der Fabrik, daß sie mir möchte Tuch zu einem schwarzen Rock zukommen lassen. Für einen Bauernpastor muß es nicht fein sein, sondern so hausbacken. Adieu, Liebe; ich grüße herzlich das Mütterlein mit ihren Küchlein in Kettwig."

DUISBURG, 8. OCT. 1807.
An Dieselbe

„... Für deine Texte danke ich dir herzlich. ...

... Mein Einzug in Kettwig ist auf den 1. November angesetzt. Es wird mir doch schwer fallen, Duisburg zu verlassen und ist mir dabei oft recht weh ums Herz. Meine Zufriedenheit wird künftig weit mehr von Menschen abhängen als bisher. Doch auch darüber hinweg wird der Herr helfen und ein guter Wille. - Ein freundlicher Besuch der Lehrer und einiger Bauern von Kettwig hat mir sehr wohl gethan. ..."

KETTWIG, 4. JAN. 1808.
erster Brief aus Kettwig
An A. W. P. Möller
und seine Frau.

„Was möget Ihr wohl alles von mir gedacht und gefürchtet haben, daß ich so lange schweigen konnte! Ich habe mir oft genug selbst Vorwürfe darüber gemacht, aber ich hatte keinen rechten Muth, an Euch zu schreiben. Manchmal war's mir trübselig zu Muthe und ein andermal ich weiß nicht recht wie? Nicht daß es mir hier nicht gefiele. Man ist mir mit Freundlichkeit entgegen gekommen, und das Land ist auch in jetziger Zeit schön, und kann für manches entschädigen. Aber ich war durch das Duisb. Leben in eine Art von Trägheit gerathen, die mich noch nicht verläßt - und dabei hab' ich auch einen Begriff von dem, was ein Pfarrherr sein sollte, daß ich mich oft unter der Last meiner Verantwortlichkeit wie erdrückt fühlte. Oft war's mir auch verdrießlich, daß man an Predigten studieren muß, und der Bauer hat im Grunde recht, wenn er meint, es müsse einem studirten Pastor von selbst entströmen, wie einem isolirten Menschen die electrischen Funken. ...

... Mit dem Predigen geht es noch wohl. In der Christwoche hab ich 8 mal gekanzelt, weil ich noch nach Duisburg mußte und daselbst 2 mal predigen. Nach der Nachmittagspredigt, die ich so gut als extemporirte, ritt ich nach Kettwig in Nacht und Nebel, aber mit vergnügtem Herzen, und predigte den Sonntag, da Camphausen in Mülheim war, zweimal. Und nun hats auch noch so fortgegangen, am Neujahrs-Nachmittage und Sonntag-Morgen. Morgen hab ich eine Leichenpredigt und übermorgen die heil. 3 Könige, und am Sonntage wieder zweimal in Mülheim. Mit der Zeit werde ich mich freilich wohl gewöhnen, weniger zu studiren und nur bloß ein Schema aufzuschreiben, wie ich es bei Leichen- und Katechismuspredigten mache. ...

... Auch will es mir leider nicht gelingen, einen Gedanken weit auszuspinnen und in langer Brühe vorzutragen, worin ich Camphausen oft beneide, der nicht schlecht predigt, und es nur durch die lange Schleppe bei mir verdirbt, die gewaltig rauscht und rasselt. - ...

... Daß anfangs meine Zeit ganz zertheilt ist zwischen Besuchen, Predigten, Amtsarbeiten und Unterricht meiner Jungens, kannst Du denken. Besuche. Die Gemeinde ist gewaltig groß. Eine starke Stunde diesseits der Ruhr und eben so jenseits. Ich bin schon ziemlich herum-

gelaufen, aber lange noch nicht zu Ende. Die Zeit ist nicht darnach. Es giebt hier excellente Bauern; das Besuchen ist ein erfreulicher Theil des Amts. Mein erster Krankenbesuch war bei einem alten sterbenden Mann, oben auf dem Berge jenseits. Es ergriff mich heftig - ich holte mir auch eine tüchtige Erkältung, die aber überstanden ist. Es ist eine gesunde Zeit, sonst ist dieser Theil des Amts keiner der angenehmsten, vor allem, da es mich stark afficirt, und ich es nicht Handwerks - oder aber um es gelinder zu sagen - nicht pflichtmäßig treiben kann. C. [Camphausen] *hat eine 26jährige Übung! die giebt Schwielen. Meinen Knaben geb' ich täglich 3 Stunden - Sie gehen auch in die Schule. So gehen die Tage schnell genug dahin, und ich kann nicht sagen, daß ich eine Sehnsucht hätte nach Gesellschaften, wie sie in Duisburg zu haben waren....*

... Daß uns der Umgang mit Marie und W. [Wilhelm] *Scheidt recht erfreut, versteht sich von selbst. Gottfried* [Scheidt] *besuch ich auch und er gefällt mir sehr wohl. - Gestern war ich mit dem Collegen bei 2 Brüdern, wovon der eine 80 Jahr, der andere 87 hatte, beide muntere Männer aus alter Zeit; auch hatten sie herrlichen Burgunder, wovon beide Collegen keine abgesagte Feinde sind. - Die Gegend ist wunderschön - was muß sie im Frühling sein. - Was die Oeconomica betrifft, so geht es ziemlich. Auch hier merkt man die bösen Zeiten, um so mehr, da man die guten zu sehr gewohnt war. Man hat uns einen halben Ochsen geschenkt, man will uns ein Schwein besorgen, und mit Korn will man uns auch aushelfen. So bin ich mit meiner äußeren Lage zufrieden; Gott wird's ja wohl machen. - ...*

... Das Forstwesen bekommt eine neue Organisation. ... Ich werde v. Th. [Thadden] *empfehlen wo und wie ich kann. Ich wollte, man setzte ihn über unsere köstlichen Wälder! - ...*

...Wir sind alle gesund! Lorchen wollte anfangs nicht sich in das neue Leben fügen, aber muß, muß! und jetzt geht es sehr wohl. Am Ende dieses Monats bekommen wir noch 2 Kinder mehr, nämlich von Hrn. Zabel. Mit dem Unterricht habe ich nichts zu thun, aber doch hätten wir sie lieber nicht. Aber auch muß. - Der Onkel Engels weiß auch noch nichts von seiner Bestimmung. Unterdeß verschleißt sich seine

Lebenszeit, wie es mit uns allen geht. Ich habe nun noch die besondere Satisfaction, daß ich am Ende als Leichhuhn agiren muß. – Ein Pastorat ist nämlich ein köstliches Amt, es siehet den Menschen und das menschliche Elend, und auch das menschliche Gute in allen Gestalten. Es ist vorne, in der Mitte und hinten!...

... Nun grüß ich euch herzlich. Schreibt mir aber bald. Meine Frau grüßet euch sehr. Behaltet mich lieb, ihr Theuren. Künftig sollt ihr, hoffe ich, fröhliche und interessante Briefe erhalten. Haltet diesem seine Dürre und Trockenheit zu gut.

    Stets und immer
    Euer alter getreuer Kr.

Schreibt mir einmal euer Urtheil über das Festbüchlein - aber kein Lob, sondern ordentl. Recension und Tadel."

„... Hier in Kettwig ist man schon in Sorge, da sich das Gerücht verbreitet hat, ich würde auch ziehen; ich sage aber: ich bleibe bei euch. - Und wie sollte ich auch anders. ...

... Wir bekommen einen jungen Menschen ins Haus, der hier Tuchweberei lernen soll. Es genirt wohl und ist mir unangenehm, doch läßt sich auch wohl einiges dabei verdienen. Wenn die alten Schulden nicht wären, so könnten wir vom Gehalte leben, so aber hab' ich in diesem Jahre bis jetzt 412 Rthlr. solcher alten Sünden getilgt und bin nun bald mit meinem Gelde auf der Neige. Das erste hiesige Jahr hat mich zurückgesetzt, wo wir keinen Gehalt empfingen. Doch soll in dem folgenden Jahre, so Gott will, der ganze Sauerteig ausgefegt sein. Ich hasse die Schulden wie die Pest, und doch sitzen sie immer wie die atra cura hinter mir auf der croupe. ...

... Meine Predigten werden immer kürzer, so auch meine Briefe, und wenn ihr von kleinen Blättern redet, so müßt ihr auch die kleinen Lettern nicht vergessen. Nun bläst der Nachtwächter 10, und das ist die Betglocke für die Bauern - nein wahrhaftig 11.- Nächstens schreibe ich Dir einen Brief, liebe Friederike, und jetzt adieu schlaft wohl. Es ist als ob's frieren wollte, und ich habe so einen schönen blühenden Kirschbaum im Garten. Die Aprikosenblüthe hat mir der Schelm schon verdorben. Alles geht queer! - Gute Nacht, Euer getreuer Kr."

KETTWIG, 20. APRIL 1809.
An Dieselben

KETTWIG IM SOMMER 1809.
An Friederike Möller
in Elberfeld.

„Liebe Frieda! Wir kamen gestern zugleich mit einem Donnerwetter glücklich in Kettwig an, und ich fand alles im Hause gesund bis auf das größte und kleinste weibliche Wesen, die wir beherbergen. Unsere Magd liegt nämlich an der Pleuresie, und hat schon eine Menge schwarzer Kreuze gesehen, wird also wohl bald: ade du schöne Welt singen! - wenn anders Unkraut so schnell verginge, als Kraut, und es die Ober- oder Unterwelt einigermaßen interessiren könnte, ein solches weibliches Wesen in ihren Ringmauern zu besitzen, woran ich sehr zweifle. Uebrigens wünschte ich, sie von unserer Dachstube fort zu haben, möchte sie denn wohnen, wo sie wollte. Daß die Nemesis mich auf eine solche Weise und mit solcher Person zwickt, ist etwas niederträchtig gedacht von der sonst ernsthaften und ehrenfesten Göttinn. Eine Art von Zwickerei ist es immer, wenn oben in der Spitze des Hauses ein Stück Fleisch liegt, womit man gar nichts anfangen kann. Die zweite kleine kranke weibliche Person ist unser gutes zartes Julchen. Der scheint die Nemesis mir zum Aerger das an die Wangen ansetzen zu wollen, was sie jener von den - Backen nimmt oder zu nehmen Willens ist. Das arme Ding hat nämlich eine starke Geschwulst an der einen Kopfseite und hat einen großen Theil der Nacht gewinselt. Sie ist aber doch heute munter. ..."

KETTWIG, 15. OCT. 1810.
An Friederike Möller nach
Königsberg in Neumark.

„... An das Versetztwerden in die Fremde denke ich nicht. Hier freilich in Kettwig ist das Land Gosen nicht, man muß die Milch theuer bezahlen und an Honig ist totaler Mangel. ...

... Ich hätte wohl am liebsten meinen Sinn gestellt auf eine Pfarre in Bremen, wozu ich jedoch nicht die geringste Hoffnung und Aussicht sehe. ...

Ich habe jetzt ein Klavier von Quandt aus Münster, zu dem ich auch gekommen bin, wie die Leute aus dem Schlaraffenland zu den gebratenen Tauben. ...

... Jetzt fangen sie an zu läuten - und ich muß predigen über den einzigen Trost im Leben und im Sterben, d.h. den Heidelberger Katechismus von vorne anfangen. Adieu. - ...

... Der Winter hebt schon an. Ich sitze in seinem Glase. Es hat hier

schon die Nacht tüchtig gereift. Die Ruhr trocknet beinah aus und die Rüben wollen gar nicht gerathen. So ist's in dieser Lumpenwelt, gehts gut mit der Poesie, so taugt's nicht mit der Prosa und umgekehrt - ist der Himmel zu klar, so gerathen die Rüben nicht.
Ich grüße Euch allesammt und wünsche Euch Heil und Segen, und Friede und Freude. Kr."

„... Dein Vorschlag, lieber Bruder, mit Euch nach Breslau zu ziehen, hatte seine gar liebliche und löbliche Seite. ...
... So aber hat mich jetzt würklich mein gnädiger Herzog von Anhalt-Bernburg - gestern habe ich gesehn, daß er Alexius Friedrich Christian heißt - an sich gezogen. Die offizielle Anfrage ist gekommen. ...
... Gesetzt nun, das ganze Gehalt betrüge nur 1200 Thlr. baar, so ist das doch viel mehr, als ich in Meurs als Regent [in Moers als Rektor], hatte, ich glaube es waren ungefähr 200 Thlr., auch mehr als in Kettwig, wo auch die Kornpreise weder durch Hagelschlag noch sonstigen Segen sind erhöhet worden. ...
Ich verlasse Kettwig ungern; ich wollte man schickte mir das Gehalt hieher, und ließe mich in Ruhe - aber dazu ist wenig Anschein. ..."

KETTWIG, D. 6. AUG. 1811, MORGENS 7 UHR.
An die Eheleute Möller in Königsberg

„Es ist bekannt, daß bei der letztverflossenen Namens- und Geburtstagsfeier Sr. Kaiserl. u. Kgl. Majestät eine unserer Glocken und zwar die mittlere geborsten und völlig unbrauchbar geworden ist. Unser Geläut hat dadurch alle Harmonie verloren und wir können nicht ohne Mißfallen und Bedauern anhören, wie dieses unser einziges Mittel, die allgemeine Freude unserer Kommune kundzutun und anzudeuten, sich in einer totalen Mißstimmung befindet. Auch ist uns bekannt, wie der Herr Departements-Präfekt, als er uns mit seiner hohen Gegenwart beehrte, dieses nicht weniger bemerkt und zugleich die Gnade hatte, uns aus den in Düsseldorf zur Disposition des Gouvernements befindlichen Glocken einen Ersatz für unseren Verlust zu versprechen. Wir bitten demnach E. H. gehorsamst, von diesem Versprechen des Herrn Präfekten baldmöglichst Gebrauch zu machen und jemanden nach Düsseldorf zu deputieren, damit unser Verlust

KETTWIG 13. DEZ. 1811
Brief im Namen des Konsistoriums an den Maire von Kettwig

[Anm.: Am 15. August wurde das „Napoleonsfest", der Namenstag Napoleons behördlich geregelt gefeiert. Am Vorabend wurden um 6 Uhr alle Glocken geläutet, am 15. morgens um 6 dann ein Festgottesdienst gehalten und mittags um 12 und abends um 6 wieder volles Geläut verlangt, das jeweils dort, wo Militär einquartiert war, mit Artilleriesalven begleitet wurde.]

[Anm.: Brüggemann berichtet, dass in einem Antwortschreiben Glocken aus den ehemaligen abteilichen Gebäuden in Siegburg angeboten wurden. Ob diese jemals nach Kettwig kamen, ist jedoch nicht überliefert.]

bald ersetzt werde und wir mit einem fröhlichen und harmonischen Geläut das Vaterland mögen feiern können. In der Hoffnung, daß E. H. diese unsere gehorsamste Bitte geneigtest aufnehmen und bald erfüllen wollen, habe ich die Ehre
    Euer gehorsamster Diener Dr. Krummacher
    im Nahmen des Konsistoriums
    als Praeses dieses"

KETTWIG IM DEC.1811.
An Friederike Möller
nach Breslau

„... *Indeß habe ich den Trost, daß ich mein Haus* [in Bernburg], *das sehr bequem und schön auf einem Hügel liegen soll, als eine Herberge einrichten will, wo von Westen Maria und Ihr Breslauer von Osten kommt, und bei mir Herberge machet, und bringet Eure Kindlein auch unter mein Dach. Diese fröhliche Hoffnung laß ich mir nicht nehmen, und die Morgensonne, die nun wunderlieblich über den Hausberg kommt, und sich des Schnees verwundert, und in meine Stube scheint, sagt auch Ja dazu. ...*

... Denn daß der Mensch seinem Leibe und Geiste Uebels thut und ihn plagt, das ist auch eitel. Und es geschiehet doch nichts Neues unter der Sonnen, darum lasse man es bei dem Alten, wie mein College [Camphausen], *der dafür ein ächter Salomo ist, und dessen geistliche Reden so göttlich wieder kehren, wie die 4 Jahreszeiten und die unbeweglichen Feste. ...*

... Meine Frau grüßt Euch, und hat den Kopf voll Reisegedanken, Vorhängen, Sophas und Commoden. Ich verlasse mich dabei auf den lieben Gott, der auf dem Harz viel Föhren hat wachsen lassen. - Nun, es schlägt neun, Marie steht reisefertig, die Flügel ausgebreitet, - sie schauet zürnend über mein Zögern nach dem Pastorat; ich komme ganz demüthig heran, sie droht mit dem Finger. ..."

KETTWIG, 27. FEBRUAR 1812.
An Möller nach Breslau

„*Lieber Bruder* [diese oft verwendete freundschaftliche Anrede hat bei Kommentatoren zu Verwirrungen geführt - Möller war Schwager Krummachers], *herzlichen Dank für Deine Briefe! ...*

... Die Präparationen auf unsere Abreise [nach Bernburg] *haben ihren Anfang genommen. Ich kann mir die Versetzung kaum als würklich*

bevorstehend denken, und es wird mich noch sonderlicher dünken, wenn es nun ins Weite gehen soll. ...

... Ich denke erst Anfang Mai, so Gott will, den Pilgerstab zu nehmen. Also noch das Kommen und vielleicht auch die Blüthen des Frühlings hier sehen. Ich verlasse sie ungern. ..."

BERNBURG, 25. JUNI 1812.
erster Brief aus Bernburg
An Friederike Möller in Breslau

„Meine liebe Frieda! Dein Brief war der erste, den ich in Bernburg empfangen habe. Dank Euch Ihr Lieben, daß Ihr uns dadurch erfreuet habt. Heute kam er an und heute sitze ich hier, Euch zu antworten. Wir sind gesund hier angekommen.

Den 24. Mai hielt ich meine Abschiedspredigt in Kettwig vor einer ungeheuren Menschenmenge. Es war ein rührender Abschied. –

Die Woche vorher war ich mit Marie in Duisburg, am Donnerstag schnitt mir Günther [Stiefvater von Friederike und Maria, Prof. und Arzt in Duisburg] *glücklich das Gewächs aus dem Munde. Gegen Sonntag war es heil. Das that auch Noth. Die übrige Zeit lief ich durch die Gemeine* [Kettwig] *und nahm bei Manchem Abschied.*

Da habe ich recht die Liebe und Gutmüthigkeit der Kettwiger erkannt. Manche Bauernfamilie weinte, als ob sie einen Vater verlieren sollte. Die letzten Tage waren Tage des Schmerzes, der Zerstreuung und oft der Verwirrung – ich blieb jedoch gesund.

Am 5. Juni fuhren wir von Kettwig ab. Maria Schneider mit ihren Mädchen begleitete uns bis an die Meisenburg – da erfolgte die bitterste Trennung – die arme Maria! O wie hat sie uns beigestanden in den letzten Tagen – ich habe sie sehr lieb. – Gott gebe, daß sie gesund sein möge. Durch unseren Abschied hat sie viel verloren – sie ist nun wie einsam in Kettwig. Glücklicher Weise ist sie kurz darauf mit Bruder Wilhelm [„der alte Duisburger"] *und dessen Frau nach Elberfeld gereist. Dort wird sie, denke ich, bei Schwester Jette Trost finden und Ruhe und Friede in ihr tiefes und stilles Gemüth zurückkehren. ...*

... Das Volk [in Bernburg] *ist hier sehr cultivirt, alles spricht deutsch mit einer Schnelligkeit, die schwer verständlich ist. ...*

... Theurer scheint es hier eben nicht zu sein ... das Fleisch ist vortrefflich, – das Brod gut und wohlfeiler als in Kettwig. ...

... Ich bin nicht Hofprediger - das ist Starke in Ballenstedt, der Verfasser der häuslichen Gemälde. Diesen Titel könnt ihr also fortlassen. Nun, Gott sei mit Euch und Euren Kindern. Grüßet sie allzumal. Julius [Sohn Möllers] *war noch kurz vorher in Kettwig, er blüht wie eine Rose und wird ein tüchtiger Kaufmann werden. ...*

... Lebt wohl! Gott sei mit Euch. Schreib doch bald wieder, liebe Frieda. Ich bin Euer treuer Bruder Kr."

BERNBURG, 1812 [9. OCTOBER].
An Herrn Keller in Werden.

„... eben so geschwind über den Brocken kommen, wie über den Mittswinkel [heute: Mitzwinkel] *zum Schmachtenberg, und mir von Werden Kundschaft bringen. ...*

...Theurer ist es hier um vieles als in K. [Kettwig], *man lebt hier aber im Ganzen mäßig, zu Abend wird z. B. in allen Häusern bloß kalt gegessen. Auch wir haben uns darin gefügt. ..."*

BERNBURG, 9. OCTOBER 1812.
An Fräulein Julie Keller in Werden.

„... Es ist mir oft eigen zu Muthe, wenn ich denke, daß ein so weiter Raum mich von Ihnen und dem Ländchen trennt, wo ich so manchen Fußstapfen stehen habe - und dem ich immer noch im Geiste so nahe bin. Ich hätte nicht geglaubt, daß ein so lebendiges Bild von Allem, auch dem Kleinsten sich mir hätte eingraben können. Zuweilen stehe ich träumend an dem hohlen Eichenstamm, wo der Weg nach Werden über das Feld führt, sehe jede Klippe und jeden Strauch, warte an der Ruhr auf die Fähre, wandle oben auf den Bergen - ich meine, ich sähe die einzelnen Steine liegen, und begrüße sie als alte Bekannte. ...

... Es geht uns allen noch wohl im fremden Lande; wir wohnen einsam, und schauen weit ins Freie. Wie sehne ich mich oft, vor allem jetzt, wo die Blätter anfangen sich zu färben, und die Kettwiger und Werdenschen Büsche so bunt und schön erscheinen, über die Höhen zu wandeln. Wir haben hier zwar auch keine unangenehme Gegend, aber das Stift [Abtei in Werden, Wohnsitz der Familie Keller] *war doch schöner, und ich fühle das eigene und erfreuliche Gefühl, so vielen Menschen dort anzugehören, oft wehmüthig und viel stärker noch, als ich es mir damals dachte. ..."*

"... Von Baedeker hab' ich einen Brief, der mir den förmlichen Einzug meines Successors [Nachfolgers] *Degen in Kettwig meldet. 40 Pferde und 5 Kutschen haben ihn von Essen eingeholt. In der Garten- und Studierstube ist tüchtig bankettiret und mir ein dreimaliges Lebehoch und darauf unter der Acacie ein ditto ausgebracht worden. Man hat bedauert, daß ich nicht dabei wäre und ihre Lustigkeit sähe. Wilhelm und Gottfried* [Scheidt] *haben sich nicht sehen lassen, H. aber dafür desto mehr Antheil an diesem Act der Gottseligkeit genommen. ..."*

BERNBURG, OCT. 1814.
An Möller in Breslau

"... - Ich habe Herrn Beckedorf [Erzieher des Prinzen] *geschrieben, daß Du wohl unser Prinzchen unterrichten wolltest, und dabei habe ich Dein Geblüt und Gemüth gerühmt; ich hoffe, das werden sie beide verdienen. ... Gefällst Du ihm* [dem Herzog] *aber, nun dann bleibst Du hier, d.h. 5 Meilen von Deinem Oehm, aber bei hellem Wetter kann ich Dein Schloß sehen, und den Brocken hast Du alle Tage im Gesicht, und dahinter liegt Duisburg und Kettwig, welche zu sehen, jedoch penetrante Augen erforderlich sind. ..."*

BERNBURG, 17. DEZ. 1814.
An W. [Wilhelm] Möller in Breslau. [Sohn von A.W.P. Möller; Krummacher hatte seinem Neffen Wilhelm eine Stelle als Hauslehrer beim Herzog in Ballenstedt vermittelt]

"... Deine Empfindungen bei dem Wiedersehen des alten lieben Kettwigs habe ich inniglich getheilt. Ich hänge noch mit ganzer Seele an dem alten Nestchen und seinen herrlichen Höhen und Thälern, die ich so oft kreuz und queer durchwandelt habe. Wenn es gereift hat, und der Himmel klar ist oder wenn sonst auf den Spaziergängen der Geruch des Feldes mir entgegen kommt, so schweben mir vor Allem lebendig Kettwig und dessen Buuerhöfe vor der Seele. Ich trage es in meiner Phantasie, in meinem Herzen, und weiß jede Biegung der Fußpfade, jede Anhöhe, jeden Steg, der über ein Bächlein führt und jedes Haus der Bauern. Ich denke oft, wenn ich jetzt da wäre, so müßte es noch ein ganz anderes und köstlicheres Leben sein. Denn ich bin in Bernburg ruhiger, vernünftiger und heiterer geworden, und habe das eigentliche Leben, glaub' ich, besser kennen gelernt. - ...
... Könnte man doch alle drei Jahre eine solche Reise zu den alten Freunden, in die Gegenden machen, woran sich so manche Erinnerung des früheren Lebens knüpft! So habe ich die ganze Reise in Ge-

BERNBURG, 11. NOVEMBER 1815.
An Friederike Möller

danken mit Dir gemacht und so lebendig, als ob ich bei Dir im Wagen gesessen hätte. Besonders bin ich von der Meisenburg an Schritt vor Schritt mit Dir gefahren. Doppelt habe ich mich gefreut, daß Du in Kettwig ganz Deine Gesundheit wieder gefunden hast. ...

... Jetzt wirst Du wohl wieder in Kettwig sein, meine Liebe, und dort den Winter zubringen. Ich hoffe, es wird in Gesundheit und Fröhlichkeit geschehen. Daß der Bruder Wilhelm [Scheidt] *jetzt ein solcher Erzhausvater und Gärtner ist, freut mich, und wird seinem Leibe wohlthun. Ihn und seine Frau grüße ich tausendmal. Übrigens möcht ich viele Kettwiger, besonders viele Bauern herzlich grüßen, wenn ich könnte. Möchte ich doch einmal wieder dort sein können. ..."*

BERNBURG, 22. JUNI 1816.
An Friederike Möller.
[in Kettwig]

„... Du liebe Frieda bist jetzt in Kettwig - könnte ich auch einige Tage oder Wochen dort sein - Dich sehen, und die alten Gründe und Höhen und die mir immer lieben Bauern besuchen! Es wird jetzt einsamer dort sein als sonst. Grüße doch vor allen die liebe Suse, Frau Tüschen auch, aber jene erst - auch meinen alten Collegen [Camphausen], *dem ich doch herzlich gut bin bei allen Wunderlichkeiten, und ihm einen heitern Lebensabend wünsche. ...*

... Lebe wohl, meine liebe Frieda, und gedenke meiner und unser Aller in Liebe. - Alle grüßen Dich von Herzen und desgleichen das liebe Mariechen. Es ist mir eigen, wenn ich denke, daß diese Blättchen nach Kettwig kommen werden, in die Hände von Drutchen Eichholz. Ich möchte gern wissen, welche alte Bekannte dort gestorben sind. Lebt Frau Schmitz noch, so grüße sie, auch den Küster Kinzius und Liesbeth Gerades. Die Bauern möchte ich Rudelweise grüßen - besonders Hattig, Drücks [Drucks], *Roskothen und die Leutchen auf den Ruthen - und noch viele Andere. ..."*

BERNBURG, 4. AUGUST 1816
An Friederike Möller.
[in Kettwig]

„... Mir wurde eine Mitreise an den Rhein angeboten, die mir nicht viel gekostet haben würde. Ich würde dann auch Kettwig und Euch gesehen haben - allein, es war besser daß es nicht geschah - denn es wäre, da die Reise so schnell ging - nur ein Kommen und Gehen, ein Sehen und Losreißen gewesen. Und wozu solche Zerrereien, die das Herz nur wund machen. ...

„... Daß mein Haus in Kettwig so verödet ist, thut mir leid. Der arme Degen jammert mich wegen seiner Augen und Gesundheit - woher soll er Freude und Heiterkeit nehmen, wenn ihm seine Augen Studium, Naturgenuß und Umgang versagen. Eine solche Gemeinde müßte einen rüstigen und wackern Pfarrer haben, der Wind und Wetter nicht scheut, und die Gabe der Rede zu dem Volke hat. Auch Frau und Kinder dürfen ihm nicht fehlen. - Kettwig erscheint mir immer noch obgleich es dort ohne Sorgen und Mühe nicht hergegangen ist, im Lichte der Phantasie, als ein kleines Arkadien, wo ich jeden Weg und Steg kenne. ..."

„Meine verehrte Freundinn. ...Zwei Tage brachte ich in Grimma in der patriarchalischen Familie des Buchhändlers Göschen zu. Die Gegend erinnerte mich auf das Lebendigste an die von Kettwig und Werden, womit sie eine auffallende Aehnlichkeit hat. Statt des Kettwiger Landsberg liegt dort das Kloster, aus welchem Luther seine Käthe holte. ..."

BERNBURG, 25. OCT. 1816.
An Frau Keller in Werden

„Mein Herzens-Bruder! Ich hoffte, Dein letzteres Briefchen hätte bessere Nachrichten enthalten. Es ist schrecklich, daß das Unheil so lange fortdauert und wir denken oft mit Betrübniß daran, wie Dir, lieber Bruder, in manchen Stunden mag zu Muthe sein, in solchen Stunden, wo es Einem wie Blei und kalter Stein auf das Herz fällt, und wo man auch sein Eli Eli lama ausruft. Hoffentlich findet Friederike in Kettwig mit dem Frühlinge ihre Genesung und Ruhe wieder..."

BERNBURG, 28. FEBR. 1818.
An A.W.P. Möller.

„Mein lieber Emil! Ueber Deinen geharnischten Brief habe ich ein wenig lachen müssen - ebenso wie einmal auf dem Isenbogel bei Kettwig einige Bauern herzlich darüber lachten, daß Petrus den Herrn mit seinem Schwerdt habe verteidigen wollen, und dem Malchus ein Ohrläpplein abhieb. ..."

BERNBURG, 23. NOV. 1821.
An Emil Krummacher [K.s zweitältester Sohn] in Coswig.

„... Lieber könnte ich nach Kettwig ziehn, wenn ich dürfte - da hätten wir Euch um uns, wie die Gluckhenne ihre Küchlein und wir wären alle auf rother Erde. ..."

BERNBURG 8. AUG. 1823.
An Marie Natorp, geb. Krummacher [K.s älteste Tochter]

BREMEN 25.JULIUS 1829.
An A.W.P. Möller
in Münster.

„... *ich fühle mich maletzig, wie sie in Kettwig sagen; doch schmeckt mir noch einigermaaßen die Pfeife. - Wilhelm Scheidt ist mehrere Tage hier gewesen. Er meldete uns den Tod von Julchen Bähr* [Tochter von Marie Schneider, Wilhelm Scheidts Schwester] *in Heidelberg. Ein neuer Schmerz für ihre Mutter. ...*"

BREMEN 19. MAI 1831.
An A.W.P. Möller

„... *daß Ihr „Elstere" - so unterschrieben sich die „Consistorialen" (Aeltesten) in Kettwig ...* "

2. Literatur

I. aus: *„Die Gegend zwischen Werden und Kettwig"*, in J. A. Engels: *„Die Reise nach Werden"*, 1813, (laut Engels aus: *„Westfälischer Anzeiger"*, 1806)

„...*Wir wollen uns mit Ruhe und Freude der schönen Gegenden unseres Vaterlandes freuen. Und darf sich nicht unser Westfalen in dieser, so wie in jeder andern Hinsicht, seiner Heiden, Steppen und Moore ungeachtet, jedem Theile der deutschen Lande gegenüberstellen?*

In den südlichen Gegenden Westfalens gehören vor allem die Ruhrgegenden zu den schönsten ....

... Zu den lieblichsten Schöpfungen der beweglichen Ruhe gehört ohne Zweifel eines ihrer letzten Werke - die Gegend zwischen Werden und Kettwig. Fürchte nichts, lieber Leser! du sollst mit keiner Beschreibung belästigt werden. Wer vermöchte es, eine Landschaft - den üppigen Baumwuchs mit seinen Schatten und Lichtern, den sanftbemoosten, Kühlung atmenden Hügel, die kräftige Eiche mit ihrer geborstenen, panzerähnlichen Rinde, den glatten Stamm der fröhlichen himmelanstrebenden Buche, des grauen Felsen ernste Gestalt und des Stromes freundliches Blickes zu conterfeyen? Die Feder ist kein Marmorpinsel, und der schwarze Saft des adstringirenden Gallapfels keine lebendige Farbe. - Und dabei die Umgebungen eines weiblichen Stromes. - In ehrerbietiger Ferne besingen müßte man sie, wofern man vermöchte. Wohlan!

Hier will ich, hingelehnt an eines Felsen Rand,
In heil'ger Eichen nächtlich dunklem Grau'n,
O holde Phantasie! an deiner Hand
Des schönen Ruhrtals Krümmung überschau'n!
Zu meinen Füßen rauscht, rings vom Gebüsch umkränzt,
Der Strom hinab. Durch's bunte Wiesenthal
Klingt er dahin; in seinem Spiegel glänzt
Des Waldes Grün, der Fels, der Abendröthe Strahl.

Da, wo mit ehrnem Fuß, von kalter Nacht umgraut,
Das Chaos und die öde Wildniß stand -
Erschallet nun des Lebens froher Laut,
Und Fleiß und Freude gehn frohlockend Hand in Hand.
Jetzt tönt dir, schöne Ruhr, der Nachtigall Gesang,
Die Turteltaube girrt in deinem Buchenhain;
Du aber hüpfst mit jugendlichem Gang,
Hinab ins Thal zum ernsten Vater Rhein.

Hier trinkt das fromme Rind, dort um die Krümmung schwebt
Im Wellentanz der leichte Fischerkahn,
Und aus der Schlucht in blauen Wölkchen hebt
Vom stillen Heerd der Rauch sich himmelan.
Mit rotem Dach, am Hügel hingelehnt,
Ragt aus dem Thal des Dörfleins Spitz' empor,
Umglänzt vom Abendroth, - und zürnend dröhnt
Des Stroms bezwung'ne Fluth durch's Schleusenthor."

..."Der Abtey gegenüber, in demselben Thale ruhet die protestantische Kirche. Warum sollte sie nicht? Ist doch das Thal in beider Umgebungen gleich schön und freundlich! Wie sollten es die Bewohner desselben nicht seyn? Sie meinen ja Beide das Eine und Höchste, wenn auch auf andere Weise. - Sie wissen, daß die Formen ewig wechseln, aber daß ewig bleibt das Wahre, das Schöne und das Gute...."

[Anm.: Gemeint sind hier die katholische Abtei in Werden und die evangelische Kirche in Kettwig]

II. aus: *„Die Kinderwelt, Gedicht in vier Gesängen"*, 1806

„Auch treibt alsdann ein wunderliches Heer
Von Schattenwesen auf der Wiese Plan
Im Mondenschein sein seltsam Gaukelspiel.
Da wo am Flötzgebirg die Wiese sich
Ein schmaler Streich, um graue Felsen dehnt -
Des Stroms Gemurmel rauscht von ferneher,
Der Mond umstrahlt die Fenster der Abtei -
Und düster steht der alte Kattenthurm-;
Da sammelt sich der Knaben kühne Schaar,
Wohl wissend, dass ein kalter Schauder sie
Ergreifen wird; allein es ist ihr Wunsch;
Es offenbart der Jugend sich im Graun
Und banger Scheu geheimer Kräfte Spiel,
Und das Erschütternde gewährt ihr Lust."

Krummachers Anmerkung zu diesem Vers am Ende des dritten Gesangs: „Die hier geschilderte Gegend, ist das schöne Ruhrthal zwischen Kettwich und Werden. Daher die Abtei und der Kattenthurm..."

III. aus: *„Die freie evangelische Kirche"*. Friedensgruß zum neuen Jahrzehend, 1821

„Seyd mir gegrüßt in dem Herrn, ihr frommen Gemeinden des
*　　Hochlands,*
Klingende Berg', und ihr, heimische Fluren und Gaun,
Welche die Ruhr durchströmt und die Wupper, hineilend zum
*　　Rheinstrom,*
Wo noch im Felsengeklüft hallet Neanders Gesang! -
Liebliches Land, dem rings aus Thälern und über dem Waldgrün
Schimmert der bläuliche Turm, schallet das fromme Geläut,
Wo an den Hügel gelehnt, im Schooß der eigenen Feldmark,
Sassischer Vorzeit Bild, ruhet der ländliche Hof;

Kettwig, friedliches Thal, umkränzt von grünenden Hügeln
Und von Quellen umrauscht - dein auch gedenk' ich so gern.
Seyd mir alle gegrüßt in dem Herrn! Wie der freudigen Jugend
Muetterlich Land umschwebt segnend euch alle mein Geist.
Denn es beharret bei euch die Kirche des Herrn in der Freiheit
Apostolischer Zeit, von den Gemeinden bewahrt."
"Solches verkündet ein Stein mit goldenen Worten der Nachwelt,
Mahnend, daß nimmer die Zeit tilge den kräftigen Sinn.
Trägt doch der eherne Mantel der Glocken die Namen des
   Vorstands,
Der nach gelungenem Guß über die Gräber sie hob,
Wie an den Graenzen der Zeit zu verkünden, daß über dem
   Zeitstrom,
der nur Irdisches raubt, tröstend das Ewige wohnt.-"

dazu in Krummachers Anmerkungen:

IV. „Sassischer Vorzeit, *altgermanischer, nach Tacitus Germ. K. 16 - Besonders giebt die Umgegend von Kettwig ein anschauliches Bild, wie „eine Quelle, oder ein Hain, Aue und Höhe, die getrennten Ansiedelungen veranlaßten."*

V. *„Kettwig. Der Verfasser war hier Pfarrer von 1807 bis 1812. Er wird immer der schönen Gegend und der Liebe vieler guten und frommen Bewohner mit Rührung gedenken.-"*

Zeitgenossen über Kettwig

Lese- und Liederbuch

In zahlreichen Lexika und Anthologien erschienen Kurzbiographien und Besprechungen über das Werk Krummachers in deutscher, französischer und englischer Sprache. Jedoch wurden -vor allem außerhalb Deutschlands - oft falsche biographische Details übermittelt: z. B. verleitete die Zusage zur Pfarrwahl in Krefeld zu der Annahme, Krummacher habe die Stelle tatsächlich angetreten. Viele Autoren verwechselten die Vornamen der Theologen in der Familie, sodass in den Berichten über die berühmten Krummachers viel Durcheinander entstand.

Neben überschwänglichem Lob zu Friedrich Adolph Krummachers literarischem Werk, gab es auch durchaus kritische Stimmen.

I. aus: Johann Adolph Engels: *„Die Reise nach Werden"*, 1813

..."In Kettwig lernte ich den Hrn. D. [Doktor] *Krummacher* kennen, er scheint ganz der Mann zu seyn, wie er sich in seinen Schriften zeigt, voll Gefühl und Leben, voll Herz und Geist. Er wird es mir hoffentlich verzeihen, daß ich seine schöne Wasserreise zwischen Werden und Kettwig hier aufnehme; die Leser werden mir gewiß Dank dafür wissen...*

*Herr Krummacher ist seitdem als Generalsuperintendent nach Anhalt-Bernburg gegangen; seine Freunde beklagen seinen Verlust, wie den der beyden Königl. Preuß. Hofprediger Eylers und Ehrenberg, des Oberkonsistorial-Raths Natorp, des Generalsuperintendenten Werth; und nun verlieren wir auch noch unsern Spieß, der auch als Hofprediger nach Berlin geht. Es ist würklich auffallend: vormals sandte man Berliner nach unserm Westphalen, um dieses zu cultivieren, und jetzt holt man solche Männer aus dem Großherzogthum Berg. Ein Beweis, daß es in Westfalen besser geworden ist."

II. aus : « *Paraboles ou Apologues de Krummacher* » , TRADUITES DE L'ALLEMAND PAR LE TRADUCTEUR DU DIMANCHE. A GENÈVE, Chez Mme. Suzanne Guers, Libraire. A PARIS, Chez J. J. Risler, Libraire. 1830

« *Les Paraboles ou Apologues de Krummacher, jouissent dans toute l'Allemagne d'une grande réputation. Ces petites scènes allégoriques offrent souvent des images si frappantes, des tableaux si gracieux, une morale si belle et si aimable , que l'on peut espérer que la traduction fidèle d'une partie de cet ouvrage remarquable , aura quelque intérêt pour ceux qui se plaisent au mélange des préceptes moraux, des pensées religieuses , et des incidens de la vie.*

On ne considère pas, en Allemagne, les Paraboles de Krummacher, comme un ouvrage uniquement destiné au premier âge, et nous osons espérer que les mères qui parcourront celles-ci, aimeront aussi la sensibilité et l'esprit ingénieux du moraliste, qui sait employer les couleurs les plus variées pour composer l'ensemble de ses sages leçons. »

[Die Parabeln und Apologen Krummachers erfreuen sich in ganz Deutschland großer Beliebtheit. Die kleinen allegorischen Szenen stellen oft derart verblüffende Bilder, dermaßen anmutige Gemälde und eine solch schöne und liebenswerte Moral dar, dass man nur hoffen kann, dass die wortgetreue Übersetzung eines Teils dieses bemerkenswerten Werkes für diejenigen von Interesse sein wird, die Gefallen finden am Zusammenwirken von moralischen Geboten, religiösem Gedankengut und den Zwischenfällen des Lebens.

In Deutschland gelten die Parabeln Krummachers nicht als ein Werk, welches ausschließlich dem Kindesalter gewidmet ist und wir haben die Hoffnung, dass die Mütter, welche diese verfolgen, auch das Einfühlungsvermögen und den erfinderischen Geist des Moralisten schätzen werden, der es vermag, die unterschiedlichsten Farben zu variieren, um ein Gesamtensemble von weisen Lektionen zu schaffen.]

III. aus: *"The Monthly Miscellany of Religion and Letters".* Boston: William Crosby & Co., New York, Philadelphia, Baltimore, Washington, London. 1839

" 'The Little Dove'. ["Das Täubchen"] *From the German of F. A. Krummacher. Boston : Weeks, Jordan & Co. 1839. Here is a little book, which, we suppose, does not need an introduction. But we must lend it a recommendation. It is very sweet. Peculiar in its plan, coming from a great mind, which here throws itself most happily into the littlest minds, it breathes a beauty of sentiment and a dove-like spirit, not easily resisted. The translator, too, whoever he be, deserves many thanks, for doing the work at all, and especially for doing it so well. The name of Krummacher may be enough for those who know him- but we hope many will know and love him more who have not before."*

IV. aus: Dr. O. L. B. Wolff, Professor an der Universität zu Jena. „*Encyclopädie der deutschen Nationalliteratur oder biographisch-kritisches LEXICON der deutschen Dichter und Prosaisten seit den frühesten Zeiten; nebst Proben aus ihren Werken.*" Vierter Band. Leipzig, Otto Wiegand's Verlags-Expedition. 1839

„*...Als Dichter erwarb sich Krummacher großen Beifall durch seine für die Jugend bestimmten Schriften, namentlich durch seine schönen und trefflichen Parabeln, in welchen er seinem großen Vorbilde Herder nachstrebt und allgemeine Anerkennung fand. Reich an Gemüth, Wärme und Phantasie, an Frömmigkeit, Anmuth und Zartheit fehlt es ihm jedoch fast ganz an Kraft, die man um so lebhafter vermißt, als sie allein seinen übrigens sehr ausgezeichneten Leistungen, die wahre poëtische Weihe geben würde, zumal da Kr. sich der Herrschaft des Gefühls in Sachen des Glaubens vorzugsweise hingiebt. Daher ist er denn auch am glücklichsten in zarten idyllischen und elegischen Schilderungen, und liefert, sobald er sich nicht höher zu schwingen und in die Gebiete des Kampfes zu treten versucht, wahrhaft meisterliche Gebilde.*" [Es folgt der Abdruck von 20 Parabeln K.s]

V. aus: *"The British Critic, And Quarterly Theological Review".* Volume XXV. London, Printed for J. G. F. & J. Rivington, 1839

„ *'Cornelius, the Centurion.' From the German of F. A. Krummacher, D.D. This book has far too much of the character of a certain German school in it to please us. We feel afraid when we see imaginative and sentimental views of religion brought out, without any intermixture of severity. But this is too large a subject to enter into here."*

VI. aus: J. P. Lange, Dr. und ordentlicher Professor der Theologie an der Universität zu Zürich. *„Die kirchliche Hymnologie oder die Lehre vom Kirchengesang".* Zürich. Verlag Meyer und Zeller, 1843

„*...Eine dritte eigenthümliche Richtung erscheint in Herder (†1803). Er ist lebensreicher und geistreicher als Gellert, ruhiger, gedankenvoller als Klopstock, aber nicht so einfach in der Form als der eine, nicht so mächtig als der andere. Bilderreiche, in die Schriftsprache getauchte Anschauung belebt seine Diktion; die lyrische Stimmung ist aber auch nicht stets entschieden. – F. A. Krummacher, der Parabeldichter, ist in der Anschauung und Ausdruckssweise mit ihm verwandt, und während das Contemplative, Gedankenreiche mehr zurücktritt, ist grade das reine, abgeschlossene, innige Festgefühl, aus dem rein gegliedertes, wahrhaft lyrisches Lied hervorgeht, bei ihm bedeutender vorhanden...*"

VII. aus: *„Neuer Nekrolog der Deutschen",* Dreiundzwanzigster Jahrgang, 1845. Erster Theil. Weimar 1847. Druck und Verlag von Bernh. Friedr. Voigt.

„*.....Alle seine Schriften, wie seine Reden, tragen den hohen Stempel der Natur und Einfalt und athmen so reinen Geist der Humanität, und die Sprache, bei aller scheinbaren Nachlässigkeit und bei verfehlter Wendung des Ausdrucks, ist so kindlich erhaben, daß er jedes unbefangene Gemüth gewinnen und für seine schlichteren und edleren Ansichten einnehmen mußte.
Aber er bildete – das war unverschuldet sein größtes Unglück – gegen die herrschende Richtung der Geisterwelt einen schneidenden Kontrast. Nie konnte er sich mit der rationalistischen Richtung der Kirche*

befreunden. Tiefer Schmerz über die Verkehrtheit des Zeitgeistes, der Kr. nicht sehr gewogen war, nagte an seinem edlen Herzen, das so warm für Menschenwohl schlug, und der gesteigerte Unmuth und die gebrochenen Kräfte seines edlen Genius - es lag in der Individualität unseres Kr., daß er seine Ueberzeugung nicht wissenschaftlich darzuthun verstand - mochte ihm wohl mitunter andere Waffen in die Hände gegeben, die seinem friedlichen Charakter nicht zusagten, und eine Bitterkeit entwickelt haben, die gegen seine Liebenswürdigkeit, gegen seinen offenen und freien Sinn grell abstach, und leider war er nie ganz Herr seiner Laune und seines höchst reizbaren Geistes. Wie oft er aber auch an der Menschheit irre geworden ist, so verließ ihn doch nie seine edle Selbstverläugnung und warme Menschenfreundlichkeit. Treu in der Liebe, unerschütterlich fest im Glauben und selig in der Hoffnung blieb er, durch alle unerfreulichen Erscheinungen kämpfend, bis an sein Ende...

Wenn andere Lehrer sich nur mit Mühe und Selbstzwang zu der Fassungskraft der Jugend und des Volkes herabzulassen bemüht sind, so war Kr. wie von Natur dazu geschaffen... Wir finden meist Ansichten niedergelegt, welche die schroffen Gegensätze unseres Lebens auszugleichen, die Scheidewand zwischen Himmel und Erde, zwischen Gott und dem Menschen niederzureißen im Stande sind und den Mensschen mit der höheren Welt auszusöhnen vermögen..."

VIII. aus : «*DICTIONNAIRE UNIVERSEL ET CLASSIQUE ...comprenant la biographie universelle,...*». TOME II. Bruxelles, Publié par F. Parent. 1853

KRUMMACHER (F. A.), écrivain protestant, né en 1768 à Tecklembourg (Westphalie), mort en 1845, enseigna la théologie à Duisbourg, puis fut pasteur et prédicateur à Crevelt, à Bernbourg, enfin à Brème, où il mourut. Doué d'une âme pieuse et tendre, il s'attacha surtout à rendre la religion accessible et aimable : il publia dans ce but en 1805 des Paraboles (trad. par Bautain, 1821, et par Teillac, 1838), qui curent une grande popularité. Ami de l'enfance, dont il comprenait parfaitement les besoins, il a écrit pour le jeune âge le Monde des enfants,1806, et un recueil d'Apologues, 1810.

[KRUMMACHER (F. A.), evangelischer Schriftsteller, 1769 in Tecklenburg (Westfalen) geboren, 1845 gestorben, unterrichtete Theologie in Duisburg, arbeitete dann als Pastor und Prediger in Krefeld und Bernburg und schließlich in Bremen, wo er starb. Mit einem frommen und gutmütigen Geist ausgestattet, bemühte er sich vor allem darum, die Religion als zugänglich und freundlich darzustellen: Zu diesem Zweck veröffentlichte er 1805 die Parabeln, die sich großer Beliebtheit erfreuten. Als ein Freund der Kindheit, deren Bedürfnisse er ganz genau verstand, verfasste er Die Kinderwelt (1806) für das Kindesalter und eine Sammlung von Apologen 1810.]

IX. aus: *"The New American Cyclopaedia: A Popular Dictionary of General Knowledge"*. Volume X. New York: D. Appleton and Company, London: Little Britain. M.DCCC.LX

Krummacher, Friedrich Adolf , a German poet and theologian ... He was a voluminous writer, both in prose and poetry. His principal works are: „Cornelius the Centurion," „Life of St. John" (both translated into English, Edinburgh, 1840);... He is best known, however, by his fables or Parabeln, which appeared in 1805, and passed through many editions. They have been translated into English, and added in 1858 to Bohn's „Illustrated Library," with 40 illustrations on wood, by the brothers Dalziel. His life has been written by Möller {Friedrich Adolf Krummacher und seine Freunde, 2 vols.Bonn,1849).

X. aus: Heinrich Kurz *„Geschichte der deutschen Literatur mit ausgewählten Stücken aus den Werken der vorzüglichsten Schriftsteller".* Leipzig, Druck und Verlag von B. G. Täubner, 1861

"Die reformirte Kirche ist auch in diesem Zeitraum nur sparsam vertreten, und unter den wenigen Dichtern aus ihrer Mitte ist nur Einer von größerer Bedeutsamkeit, der vorzüglich durch seine „Parabeln" bekannt gewordene Pastor Fr. Adolf Krummacher, dessen Lieder den Charakter kindlicher Frömmigkeit tragen, aber in einer zu wenig kirchlichen Sprache geschrieben sind. Sie stehen zum größten Theil in seinem „Festbüchlein" (Essen 1805 -13).

...Obgleich Herder durch seine Parabeln und Paramythien ein vor-

treffliches Vorbild gegeben hatte, blieb diese liebliche Gattung mit vereinzelten Ausnahmen doch beinahe ganz unberücksichtigt, bis sie nämlich in vortrefflicher Weise durch den Dichter, zu dem wir uns jetzt wenden, wieder erweckt wurde. Friedrich Adolf Krummacher, geb. am 13. Juli 1768 [sic] *zu Tecklenburg in Westfalen...*

...Die große Zahl von Auflagen, welche Krummachers Parabeln erlebt haben, beweisen hinlänglich, daß er diese Dichtungsform nicht bloß glücklich aufgefaßt, sondern auch in einer dem größeren Publikum und namentlich der reiferen Jugend angemessenen Weise behandelt hat; die Gemüthlichkeit der Auffassung und Darstellung erhöht den Werth der meistentheils glücklichen Erfindung. Bei der großen Anzahl seiner Parabeln darf es uns nicht wundern, daß nicht alle gleich gelungen sind. Manche entbehren zu sehr der poetischen Objektivität, und arten in dunkle Allegorien aus. Oefters verfehlt er den naiven, kindlichen Ton, der seine bessern Stücke so vortheilhaft auszeichnet, und die Darstellung wird spielend, weich und süßlich. Noch erwähnen wir seine „Apologen und Paramythien",... und das sinnreiche Buch „Das Wörtlein Und"."

XI. aus: G. Döring *„Choralkunde in 3 Bänden"*, Danzig, Verlag v. Th. Bertling. 1865

„Friedrich Adolph Krummacher, der zuerst durch seine Parabeln bekannt und beliebt gewordene Dichter...fand sowohl mit seinen prosaischen als poetischen Schriften (Parabeln, 1805; die Kinderwelt...) die beifälligste und allgemeinste Aufnahme und hatte das Vergnügen, dieselben alle in wiederholten Auflagen, einzelne sogar in der achten und zwölften erscheinen zu sehen. Die von ihm in den Kirchengesang gekommenen Lieder sind größtenteils seinem Festbüchlein entnommen, wobei sie allerdings die von Harder für sie gesetzten zarten und lieblichen Melodieen verloren haben. (Aus dem J.1805: Ja fürwahr)...

Literaturverzeichnis

Anhang

Friedrich Adolph Krummacher
„Die Gegend zwischen Werden und Kettwig"
Westfälischer Anzeiger Nrs. 67 und 68, 1806, in:
J.A.Engels, „Die Reise nach Werden" (s.u.)

„Über den Geist und die Form der evangelischen Geschichte in historischer und ästhetischer Hinsicht", Leipzig 1805

„Parabeln", 3. Bd. Duisburg und Essen 1805-17

„Die Kinderwelt", ein Gedicht in vier Gesängen"
Baedeker und Comp., Universitätsbuch, 1806

„Apologen und Paramythien"
Duisburg und Essen, bei Bädeker und Kürzel, 1810

„Das Festbüchlein"
Band 1: „Der Sonntag", 1807
Band 2: „Das Christfest", 1810
Band 3: „Das Neujahrsfest", 1819

„Die freie evangelische Kirche, Friedensgruß zum neuen Jahrzehnd".
Den Lehrern und Aeltesten der evangelischen Gemeinden der rheinischen und westphaelischen Provinzialsynoden zunaechst gewidmet von F. A. Krummacher.
Essen, bei G .D. Baedeker, 1821

„Bilder und Bildchen",
Essen bei G. D. Bädeker, 1823

„Das Wörtlein UND. Eine Geburtstagsfeier"
Essen, bei Bädeker und Kürzel 1811

Emil Wilhelm Krummacher
„Lebenserinnerungen eines geistlichen Veteranen".
Aus den nachgelassenen Aufzeichnungen des Dr. theol. *Emil Wilhelm Krummacher*, weiland Pastors zu Coswig, Baerl, Langenberg und Duisburg, herausgegeben von *D. Herm. Krummacher*, Consistorialrath in Stettin.
Essen. G. D. Baedeker 1889

Friedrich Wilhelm Krummacher
„Eine Selbstbiographie",
Wiegand und Grieben, Berlin, 1869

J. A. Engels
„*Die Reise nach Werden*", Duisburg und Essen, in Commission bei Baedeker und Kürzel. 1813, Faksimile-Nachdruck: Verlag H.G. Tosch, Essen

Maria Krummacher
„*Unser Großvater der Ätti*", ein Lebensbild Friedrich Adolph Krummachers in Briefen, Koehler & Amelang, Leipzig 1926

O. Natorp
„*B. Chr. Ludwig Natorp*", Ein Lebens-und Zeitbild aus der Geschichte des Niedergangs und der Wiederaufrichtung Preußens in der ersten Hälfte dieses Jahrhunderts, G. D. Baedeker, Essen 1894

Wilhelm von Kügelgen
„*Jugenderinnerungen eines alten Mannes*", hrsg. von Philipp von Nathusius, W. Hertz, Berlin 1870

A. W. Möller
„*Friedrich Adolph Krummacher und seine Freunde*", Briefe und Lebensnachrichten, mitgetheilt von A. W. Möller, Band 1 und 2, Johann Georg Heyse, Bremen 1849

Dr. Friedrich Strauß
„*Abend-Glocken-Töne*", Haupt-Verein für Christliche Erbauungsschriften in den Preußischen Staaten, Berlin 1868

Dorothea Bessen/Klaus Wisotzky (Hg.)
„*Buchkultur inmitten der Industrie - 225 Jahre Baedeker in Essen*", Veröffentlichungen des Stadtarchivs Essen, Bd.3
Essen: Klartext-Verlag, 2000, 1.Aufl.

A. Brüggemann
„*Geschichte der evang. Gemeinde Kettwig*", Flothmann, Kettwig, 1. Auflage 1910

Hans Gerd Engelhardt
„*Entdeckungen für mich und für andere*", Essen 2009
„*Kettwig, das Weberdorf*", Essen 2011

Abigail Gillman
„*The Jewish Quest for a German Bible: The Nineteenth-Century Translations of Joseph Johlson and Leopold Zunz*"
Society of Biblical Literature www.sbl-site.org

Hermann Josephson
„Friedrich Adolph Krummacher der ‚Aetti'."
Bilder aus der Geschichte des evangel.Kirchenliedes, Heft 40

„Kataloge des Kunstmuseums Düsseldorf, Malerei Band 2, Die Düsseldorfer Malerschule" bearbeitet von Irene Markowitz, Düsseldorf 1969

„Kettwig in Geschichte und Sage",
Band 2, Flothmann-Verlag Kettwig, 1926
Band 3, Flothmann-Verlag Kettwig, 1935

Georg Rosenthal (Hg.)
„Friedrich Adolf Krummacher und seine Zeit", Bernburg 1996

Isidore Singer/ Meyer Kayserling
„ Johlson, Joseph "
Jewish Encyclopedia.com

Musik in Geschichte und Gegenwart (MGG), Bärenreiter Verlag, Kassel 1956
Band 5, Artikel „*Harder*": Heinz Becker,

MGG, Bärenreiter Verlag, Kassel 2002
Band 8, Artikel „*Harder*": Axel Beer

MGG, Bärenreiter Verlag, Kassel 2004
Band 12, Artikel „*Nägeli*": Martin Staehelin

Bildnachweis:
Titelbild: Sebastian Mackoviak
Sämtliche Krummacherportraits stammen von Wilhelm von Kügelgen.
Postkarten S.4, 11, 70: Sammlung Gatzweiler
Foto S.27: Mit freundlicher Genehmigung „Stiftung Museum Kunstpalast"
Foto S.32: Mit freundlicher Genehmigung „Ruhr Museum Essen"
Fotos Kettwig heute: Peter Marx
Bild S.99: bei www.goethezeitportal.de

Bei dem überwiegenden Teil der historischen Motive mussten wir davon ausgehen, dass keine Urheberrechte berührt werden. Sollten dennoch Urheberrechte verletzt worden sein, bittet der Verlag um Mitteilung.

Anmerkungen

Friedrich Adolph Krummacher in Kettwig

[1] In allen Zeugnissen der Familie Krummacher wird Maria Schneider als „Witwe" bezeichnet; in einer Familienchronik der Familie Scheidt ist im Stammbaum jedoch mehrfach „*geschieden*" vermerkt.

[2] J. A. Engels: *„Die Reise nach Werden"*, Duisburg und Essen, in Commission bei Baedeker und Kürzel. 1813. Dort: „Anlage Nro.1. Die Gegend zwischen Werden und Kettwig. Von F. A. Krummacher. (s. Westf. Anzeiger Nrs. 67 und 68. 1806)"

[3] F. W. Krummacher: *„Eine Selbstbiographie"*, Berlin, Wiegand und Grieben, 1869, S. 11

[4] Ebd., S.24 f.

[5] Ebd., S. 15

[6] Ebd., S. 15 f.

[7] Ebd., S. 14

[8] Ebd., S. 17 f.

[9] Ebd., S. 18

[10] Ebd., S. 20

[11] Aus: F. A. Krummacher: *„Die freie evangelische Kirche."* Friedensgruß zum neuen Jahrzehend. Essen, bei G. D. Baedeker, 1821, S. 59

[12] Aus einem Brief an Keller in Werden, Bernburg 1812

[13] Aus einem Brief an Christiane Engels, Duisburg, 6. März 1804

[14] F. W. Krummacher: *„Eine Selbstbiographie"*, S. 21

[15] Dr. F. Strauß: *„Abend-Glockentöne"*, Berlin 1868, S. 190

[16] Thomas Dupke: *„G. D. Baedeker, Ludwig Natorp und die Essener Bildungsmisere"*, in: *„Buchkultur inmitten der Industrie"*, Essen, Klartext-Verlag, 2000, S. 116

[17] B. Ch. L. Natorp: *„Über den Gesang in den Kirchen der Protestanten"* in: *„B. Chr. L. Natorp, ein Lebens- und Zeitbild"*, von O. Natorp, bei G. D. Baedeker in Essen 1894

[18] In Emils Selbstbiographie heißt es: 1804. Aus den Briefen des Vaters geht jedoch eindeutig hervor, dass 1806 richtig ist – nach über 60 Jahren ein Erinnerungsfehler Emils.

[19] O. Natorp: *„B. Chr. L. Natorp"*, Baedeker 1894

[20] Ludger Claßen: *„Die Druckerei war die Seele des Ganzen"*, in: Bessen/Wisotzky: "Buchkultur inmitten der Industrie", S. 78

[21] F. W. Krummacher: *„Eine Selbstbiographie"*, S. 16

[22] Ebd., S. 16

[23] Emil Krummacher: *„Lebenserinnerungen eines geistlichen Veteranen"*, Essen, G. D. Baedeker, 1889

[24] F. W. Krummacher: *„Eine Selbstbiographie"*, S. 243 f.

[25] Emil Krummacher: *„Lebenserinnerungen eines geistlichen Veteranen"*

[26] *Elim:* Oase, wo 12 Brunnen und 70 Palmbäume standen. (2. Mose 15, 27)

[27] F. W. Krummacher: *„Eine Selbstbiographie"*, S. 24

Kettwig zur Franzosenzeit

[1] In den Krummacherjahren wuchs die Einwohnerzahl um über 10 % auf 3.400.

[2] Ihr hatte Krummacher den zweiten Band seiner Parabeln gewidmet. Pauline war die Schwester des Bernburger Fürsten Alexius Friedrich Christian, der 1811 incognito nach Kettwig reiste, um Krummacher für Bernburg zu gewinnen. Pauline selbst hatte Krummacher 1806 nach Detmold holen wollen, dieser hatte aber auf eine Schulleiterstelle dort „keine Lust" und wehrte sich trotz wirtschaftlicher Not dagegen.

[3] Zwar verfügte die Regierung des Grafen Beugnot in Düsseldorf 1811 die Auflösung des Friedhofes und es

wurden wohl auch Grabsteine entfernt, der neue Friedhof an der Brederbachstraße wurde aber erst 1823 eingeweiht; der Ordre war man also wohl nur halbherzig nachgekommen und hat bis 1823 noch an der Kirche bestattet.

[4] Kettwig in Geschichte und Sage, Bd. 2, 1926, S.8 f.

[5] Ebd., S. 10

[6] Kettwig vor der Brücke wurde erst 1930 nach Kettwig eingemeindet, ein Umstand, der die historische Betrachtung bisweilen etwas verwirrend macht.

[7] Brief vom 7.11.1806 an Möllers.

[8] Joachim Murat hatte weiter Karriere gemacht und war König von Neapel geworden.

Krummacher als Literat

[1] Friedrich Adolf Krummacher, Das erste und das letzte Lächeln und andere Parabeln, Heliand Verlag, Lüneburg 1949

[2] J. W. Goethe, Gedenkausgabe der Werke, Briefe und Gespräche, hg. von Ernst Beuther, Zürich 1949, S.10 f., Gespräch Nr. 1356

[3] „Morgen kam der dritte Weihnachtsabend an die Reihe, die Bescherung bei Therese Weichbrodt, und (Hanno) freute sich darauf als auf ein kleines burleskes Spiel. Therese Weichbrodt hatte im vorigen Jahr ihr Pensionat gänzlich aufgegeben, so daß nun Madame Kethelsen das Stockwerk und sie selbst das Erdgeschoß des kleinen Hauses am Mühlenbrink allein bewohnte. Die Beschwerden nämlich, die ihr mißglückter und gebrechlicher kleiner Körper ihr verursachte, hatten mit den Jahren zugenommen, und in aller Sanftmut und christlichen Bereitwilligkeit nahm Sesemi Weichbrodt an, daß ihre Abberufung nahe bevorstehe. Daher hielt sie auch seit mehreren Jahren schon jedes Weihnachtsfest für ihr letztes und suchte der Feier die sie in ihren kleinen, fürchterlich überheizten Stuben veranstaltete, so viel Glanz zu verleihen, wie in ihren schwachen Kräften stand. Da sie nicht viel zu kaufen vermochte, so verschenkte sie jedes Jahr einen neuen Teil ihrer bescheidenen Habseligkeiten und baute unter dem Baume auf, was sie nur entbehren konnte: Nippsachen, Briefbeschwerer, Nadelkissen, Glasvasen und Bruchstücke ihrer Bibliothek, alte Bücher in drolligen Formaten und Einbänden, das „Geheime Tagebuch von einem Beobachter Seiner Selbst", Hebels „Alemannische Gedichte", Krummachers „Parabeln". ...Hanno besaß schon von ihr eine Ausgabe der „Pensées de Blaise Pascal", die so winzig war, daß man nicht ohne Vergrößerungsglas darin lesen konnte."

[4] Über den Geist und die Form der evangelischen Geschichte in historischer und ästhetischer Hinsicht, Leipzig 1805, S. 4.

[5] Ebd.

[6] Über den Geist und die Form der evangelischen Geschichte, Leipzig 1805, S 495.

[7] Dies geht u.a. aus Verlagshinweisen in den Baedeker. Editionen hervor; leider ist es uns nicht gelungen, ein Exemplar dieser beiden Bändchen ausfindig zu machen.

[8] Brief vom 27.2.1812 an Möller nach Breslau.

Krummacher als Freund und Vater

[1] Aus Brief an Friederike Möller, Kettwig, 15.Oktober 1810

[2] Aus Brief an die Tochter Maria Natorp, Bremen, August 1838

[3] Aus Brief an Friederike Möller, Duisburg, 21.Juni 1806

[4] Friedrich Wilhelm Krummacher *„Eine Selbstbiografie"* Berlin 1869, S.5/7

[5] Aus Brief an A.W.P. Möller, Duisburg, 6.August 1805

[6] s. Zitat in Maria Krummacher *„Unser Großvater der Ätti"* Leipzig 1926 S.55

[7] Aus einem Brief an Friederike Möller, Duisburg, September 1807

[8] Kügelgen, W.v., aus den „*Jugenderinnerungen*"

[9] Maria Krummacher „*Unser Großvater, der Ätti*", Leipzig 1926, S.11

[10] Zitat in Maria Krummacher „*Unser Großvater der Ätti*" Leipzig 1926, S.24-26

[11] s. F. W. Krummacher „*Eine Selbstbiografie*", S.15/16

[12] Ebd.

[13] Aus einem Brief an Helene von Kügelgen, Bernburg 1817

[14] Aus einem Brief an Helene von Kügelgen, Bremen, Januar 1826

[15] Aus einem Brief an A.W.P. Möller, Bernburg 1821

[16] Zitiert in Maria Krummacher „*Mein Großvater der Ätti*" Leipzig 1926

Krummachers Liebe zur Natur

[1] aus: Friedrich Schiller „*Werke in drei Bänden*", Band II, Carl Hause Verlag München, 1966, S. 714

[2] Johann Wolfgang von Goethe: „*Werke, Hamburger Ausgabe*", Band 3, Christian Wegner Verlag, Hamburg, 9. Auflage, 1972, S. 35 f.

Krummachers Liebe zur Musik

[1] aus einem Brief an Emil Krummacher in Tübingen, 6. Jan. 1820

[2] in: „*F. A. Krummacher u. seine Freunde*", A. W. Möller, 1849

[3] F. W. Krummacher schreibt in seiner „*Selbstbiographie*", die Geschwister hätten auch Chorsätze von *Reichardt* gesungen; da aber trotz intensiver Recherchen weder von *August Reichardt* noch von seiner Tochter *Louise* Krummacher-Vertonungen ausfindig gemacht werden konnten, ist ein Versehen Friedrich Wilhelms möglich.

[4] Wilhelm von Kügelgen: Jugenderinnerungen eines alten Mannes

[5] Auch in Kettwig wurde der Lehrer als „Meister" bezeichnet. Im „Meistersweg" befand sich die Dorfschule mit der Wohnung des Schulmeisters.

[6] *Pön*: aus lat. poena, 1) die angedrohte oder auferlegte Strafe; aus: „*Deutsches Wörterbuch von Jacob Grimm und Wilhelm Grimm*"

Krummacher als Liederdichter

[1] F. A. Krummacher, aus dem Vorwort zu „*Das Christfest*", 4. Auflage, Baedeker, Essen 1846

[2] ders., aus einem Brief an A. W. P. Möller, Bernburg, 15. Januar 1820

[3] aus: F. A. Krummacher „*Parabeln*", 3. Bändchen, Baedeker, Essen 1817 (im Anhang)

[4] aus: W. von Kügelgem „*Jugenderinnerungen eines alten Mannes*"

[5] Bessen/Wisotzky: „*Buchkultur inmitten der Industrie*"

[6] aus einem Brief an Friederike Möller, 10. April 1815

Lebenslauf
Friedrich Adolph Krummacher

Anhang

---

*13. 7. 1767 in Tecklenburg, † 4. 4. 1845 in Bremen

1786 - 1789	Studium in Lingen und Halle
1789 - 1790	Hauslehrer in Bremen
1790 - 1793	Konrektor am Gymnasium in Hamm
	dort Bürgermeister *Arnold Möller*, Kinder: *Wilhelm* und *Eleonore* („Laura")
1793 - 1800	Rektor des Gymnasiums und der Gelehrtenschule in Moers
1794	Heirat mit *Eleonore Möller*
1796	Geburt von Sohn *Friedrich Wilhelm*
1798	Geburt von Sohn *Emil*
1799	Geburt von Tochter *Maria*
1800 - 1807	Professor für Theologie und Eloquenz (Beredsamkeit) an der 1656 gegründeten reformierten Universität in Duisburg erwirbt den Doktor der Theologie
1803	Geburt von Sohn *Eduard*
1804	Geburt von Tochter *Julie*
1807	Geburt von Sohn *Julius*
1807 - 1812	Pfarrer in Kettwig
	hier entstandene Werke: Parabeln (teilweise), Apologen und Paramythien (teilweise), „*Bibelkatechismus*" (1810), „*Das Christfest*" (1810), „*Das Wörtlein UND*" (1811)
1812 - 1824	Berufung durch Herzog *Alexius Friedrich Christian von Anhalt-Bernburg* als Generalsuperintendent, Konsistorialrat und Oberprediger nach Bernburg
1820	Anfrage aus Bonn nach Annahme einer theolog. Professur lehnt K. ab. Rege schriftstellerische Tätigkeit
	„*Eine Herde und ein Hirt*" (1821) in der 3. Auflage des „*Christfests*"; K.s berühmtestes Lied als Missionslied, „*Katechismus der christlichenLehre*" (1823)
1824	Ruf zum Pastor in der Ansgarii-Kirche in Bremen; 30. Mai Antrittspredigt
	Werke: „*St. Ansgar*" (1826), „*Der Hauptmann Cornelius*", „*Die Geschichte des Reiches Gottes nach der heil. Schrift, andeutender Text zu von Kügelgens Bildern*" (vier Hefte, 1831- 45), „*Leben des Heiligen Johannes*" (1833), Mitarbeit beim „*Bremer Kirchenboten*"
1843	Amtsniederlegung
1844	17. März Tod von *Eleonore*
1845	5. April Tod von F. A. Krummacher

Anhang

Die Autoren

Christiane Graßt, geb. Zinke (* 1956), wuchs in Wanne-Eickel und Gelsenkirchen auf. Sie studierte Kirchenmusik an der Folkwang-Hochschule in Essen-Werden, wo sie das A-Examen ablegte. Seit 1982 ist sie Kantorin der Ev. Kirchengemeinde Essen-Kettwig. 2009 veröffentlichte sie das Buch „*Von Orgeln, Organisten und anderen Denkwürdigkeiten*" über die Kirchenmusik der ev. Kirchengemeinde Kettwig seit 1663.

Julia Husmann, * 1976 in Essen, studierte Gesang an der Musikhochschule Detmold und Musiktherapie an der WWW Münster. Sie ist als freischaffende Konzertsängerin und Gesangspädagogin tätig.

Peter Marx, * 1965 in Wesel, studierte Germanistik und Skandinavistik an der WWU Münster. Tätigkeiten als Redakteur, Geschäftsführer und Verlagsleiter. Seit 2004 Inhaber der Kommunikationsagentur Nordis in Essen.